Das Problem des Bewußtseins
in der Kognitionswissenschaft

Martin Kurthen

Das Problem des Bewußtseins in der Kognitionswissenschaft

Perspektiven einer „Kognitiven Neurowissenschaft"

 Ferdinand Enke Verlag Stuttgart 1990

Dr. med. Martin Kurthen
Neurochirurgische Universitätsklinik
Sigmund-Freud-Straße 25
D-5300 Bonn 1

CIP-Titelaufnahme der Deutschen Bibliothek

Kurthen, Martin:
Das Problem des Bewußtseins in der Kognitionswissenschaft:
Perspektiven einer „Kognitiven Neurowissenschaft" / Martin Kurthen. –
Stuttgart : Enke, 1990
  ISBN 3-432-98571-1

Das Werk, einschließlich aller seiner Teile, ist urheberrechtlich geschützt. Jede Verwertung außerhalb der engen Grenzen des Urheberrechtsgesetzes ist ohne Zustimmung des Verlages unzulässig und strafbar. Das gilt insbesondere für Vervielfältigungen, Übersetzungen, Mikroverfilmungen und die Einspeicherung und Verarbeitung in elektronischen Systemen.

© 1990 Ferdinand Enke Verlag, P.O.Box 10 12 54, D-7000 Stuttgart 10
  Printed in Germany

Satz: G. Heinrich-Jung, D-7120 Bietigheim-Bissingen, 11/12 Punkt Garamond ITC book, Linotronic 300
Druck: Druckhaus Götz KG, D-7100 Ludwigsburg

Vorwort

Die „Kognitionswissenschaft" ist eine Disziplin, die es hierzulande noch gar nicht gibt. Dies meint, daß ein Fach „Kognitionswissenschaft" an unseren Universitäten nicht mit eigenen Instituten, einem eigenen Studiengang und vor allem nicht mit hauptamtlichen „Kognitionswissenschaftlern" vertreten ist. Aber während ich dies schreibe, mag es schon nicht mehr zutreffen, denn es mehren sich die Anzeichen dafür, daß diese neue (?) Wissenschaft rasch an Einfluß und Bedeutung gewinnen wird. Dies hängt keineswegs nur damit zusammen, daß der „Markt", den die Wissenschaften mittlerweile auch schon bilden, wenigstens alle zwei Jahre eines neuen *stars* und *top shooters* bedarf, um interessant und „attraktiv" zu bleiben; es gibt auch sachliche Hintergründe. Denn wenn das Vorhaben der Kognitionswissenschaft ganz allgemein in der Erforschung höherer geistiger (oder bislang meist als „geistig" *bezeichneter*) Leistungen wie Sprache, Gedächtnis, Denken usw. besteht, dann scheinen doch Antworten auf einige derjenigen Fragen in Aussicht gestellt zu werden, die nicht nur die ehrgeizigen Einzelwissenschaften (Psychologie, Neurophysiologie etc.), sondern auch – wie gern beklagt wird – die „Philosophen in ihren jahrtausendelangen Bemühungen" nicht zufriedenstellend behandeln konnten, etwa die nach der Arbeitsweise des (menschlichen) Geistes, nach den Mechanismen des Erwerbs und der Anwendung von Wissen etc. Wer jedenfalls – ganz zeitgemäß – mit den traditionellen „Lehnstuhl-Philosophien" sich nicht zufriedengeben mag, den jeweiligen Einzelwissenschaften aber den Durchbruch zu einer echten Theorie kognitiver Vermögen auch nicht recht zutraut, der wird doch der neuen Kognitionswissenschaft eine faire Chance geben wollen. Um diese Chance zu nutzen, bedarf es nicht nur eines „intensiven interdisziplinären Gesprächs" zwischen Psychologen, Neurowissenschaftlern, Künstliche-Intelligenz-Forschern und Philosophen; anzustreben ist eine eigenständige, allgemeine Theorie der Kognition, die „quer durch die Substrate" – Gehirn, „Geist" oder gar Computer – Bestand hat. Daß in den USA, nicht aber in der BRD die „Cognitive Science" eine blühende Wissenschaft ist, liegt wohl auch weniger an dem von hier aus unausrottbar demütig eingeräumten „wissenschaftlichen Vorsprung" der „Staaten" als an der dortigen Unbefangenheit des interdisziplinären Austauschs, zu der das hiesige Phänomen, daß manche Disziplinen in der sorgfältigen Abgrenzung gegen das – womöglich „feindliche" – Nachbarfach mehr und mehr ihre Erfüllung und Legitimation zu suchen scheinen, in merkwürdigem Kontrast steht.

Aus dem riesigen Problembestand einer solchen Kognitionswissenschaft habe ich hier nur eine kleine Kostprobe vorzustellen. Die folgenden sechs Kapitel gehen im wesentlichen der Frage nach, welchen Ort das „Bewußtsein" in einer allgemeinen Kognitionstheorie einnehmen könnte. Dies zu wissen ist wichtig – auch und gerade dann, wenn das „Bewußtsein" aus einer solchen Theorie ganz eliminiert wird. Denn wenn ein derart grundlegendes traditionelles Konzept verlassen wird, sollten wir uns darüber im klaren sein, aus welchen *Gründen* dies geschieht – und welche *Nachfolgekonzepte* seine Funktion übernehmen. In manchen Kapiteln habe ich von einer neurowissenschaftlichen bzw. neurologischen Perspektive her argumentiert; dies erschien mir reizvoll, weil die Neurowissenschaften in der bisherigen „Cognitive Science" noch zu wenig repräsentiert sind. Ein kurzer inhaltlicher Vorblick auf die einzelnen Kapitel wird in der folgenden Einleitung gegeben.

Bonn, im Januar 1990   MARTIN KURTHEN

Inhalt

1 Einleitung: Kognitionswissenschaft und Bewußtsein 1

1.1 „Cognitive Science" 1
1.2 Kognition und Bewußtsein 4
1.3 Vorblick 6
Literatur 10

2 Schein oder Mythos des Gegebenen?
MAIMON und SELLARS zur phänomenalen
Gegebenheit im Bewußtsein 11

2.1 MAIMON: Differenzierung des Gegebenen 12
    2.1.1 Der Ausgangspunkt: Die Rezeption der
        „Kritik der reinen Vernunft" 12
    2.1.2 Der „hypothetische" Charakter
        der kritischen Philosophie 13
    2.1.3 Das „reelle Denken" 15
    2.1.4 Das Differential als Grund des Gegebenseins 16
    2.1.5 Das Gegebene als Hervorgebrachtes 17
    2.1.6 Der unendliche Intellekt 19
2.2 SELLARS: Entmythologisierung des Gegebenen 21
    2.2.1 Aspekte des Gegebenen 21
    2.2.2 Zwei Mythen 22
    2.2.3 Das wissenschaftliche Weltbild 27
2.3 Mythos und Schein, Sprachgemeinschaft und einsames Subjekt . 30
Literatur 34

3 Die funktionale Einheit kognitiver Systeme:
Ausblick auf eine „Kognitive Neurowissenschaft" 35

3.1 Die funktionale Einheit des Gehirns 35
3.2 Die empirische Forschung 37
3.3 Kognitive Neurowissenschaft: Philosophische Vorklärungen
    zu einer Theorie der funktionalen Einheit 39
    3.3.1 Die Rolle der Philosophie 39
    3.3.2 Wissenschaftstheorie und Leib-Seele-Problem 40
Literatur 46

4 Vom *Bewußtsein* zur *Intentionalität*: Hintergründe eines Themenwechsels in der Theorie der Kognition 48

4.1 Philosophie des Bewußtseins und Wissenschaft der Kognition   48
4.2 „Philosophy of mind" und „philosophy of cognition"   50
4.3 Das Verschwinden des Bewußtseins   59
Literatur   63

5 Möglichkeiten und Grenzen behavioristischer Kriterien der Bewußtseinszuschreibung: das totale Locked-in Syndrom 65

5.1 Einführung   65
5.2 Klinische Konzepte von „Bewußtsein" und „Koma"
    Das TLIS als Herausforderung für den Behaviorismus   67
    5.2.1 Bewußtsein und Koma   67
    5.2.2 Das totale Locked-in Syndrom   70
    5.2.3 „Behaviorismen"   73
5.3 Das Problem des Fremdseelischen, oder:
    Wie man mit dem Skeptiker fertigwird   78
    5.3.1 Fremdseelisches und epistemische Autorität   78
    5.3.2 Wittgensteins Vorgaben   80
    5.3.3 Wissen um Fremdseelisches   85
5.4 Der epistemologische Status von „Bewußtsein"
    in klinischen Erwägungen   90
    5.4.1 Gewandelter Behaviorismus   90
    5.4.2 Neurowissenschaftliches „Bild des Menschen"?   93
Literatur   97

6 Bewußtsein der Maschinen? 101
Literatur 106

Namen- und Sachregister 109

1 Einleitung: Kognitionswissenschaft und Bewußtsein

1.1 „Cognitive Science"

Die höheren geistigen Leistungen des Menschen sind nicht erst in diesen Jahren Gegenstand wissenschaftlicher Bemühungen in verschiedenen Disziplinen geworden; die Anfänge der wissenschaftlichen Psychologie und der „Neurowissenschaften" reichen bis in das letzte Jahrhundert und weiter zurück. Darüber hinaus sind „Bewußtsein", „Erkennen", „Denken" Grundbegriffe der traditionellen abendländischen Philosophie. Aber erst seit gut zehn Jahren hat sich – vor allem in den USA – eine „Cognitive Science" als eigene Disziplin etabliert und institutionalisiert. Diese „Kognitionswissenschaft" mutet ein wenig wie der trotzige Versuch an, den immer noch ungelösten „Rätseln des Geistes" nun letztlich mit Hilfe einer massiven Interdisziplinarität beizukommen. Denn die Beiträge zu dieser Wissenschaft stammen aus einer heterogenen Gruppe von Einzeldisziplinen wie der Kognitiven Psychologie, der Künstliche-Intelligenz-Forschung (KI), der theoretischen Linguistik, der analytischen Philosophie des Geistes und der Neurowissenschaften. ZENON PYLYSHYN, einer der führenden Vertreter der „Cognitive Science", räumt die Möglichkeit ein, daß seine Wissenschaft am Ende nichts weiter ist als ein „umbrella title" für diese Gruppe von Disziplinen, eine bloße Zweckgemeinschaft (PYLYSHYN 1984: vi). Daher muß das Bestreben dahin gehen, einen genuinen Gegenstandsbereich der Kognitionswissenschaft aufzuweisen. Hierzu wäre zunächst die Frage zu beantworten, was überhaupt als „Kognition" gelten soll. Da der Kognitionsbegriff recht schillernd ist, beschränke ich mich auf zwei wichtige Aspekte:

1. „Kognition" ist die Gesamtheit der dem „intelligenten Handeln" zugrundeliegenden Vermögen. Dabei kann ein Handeln z. B. dann als „intelligent" angesehen werden, wenn es sowohl den Zielsetzungen des Organismus wie auch den (wechselnden) Erfordernissen der Umwelt gerecht wird (s. NEWELL 1980 und 1982). Weitere Bedingungen können eingebracht werden, damit nicht jedes einfache tierische Verhalten zu „intelligentem Handeln" wird. SMOLENSKY (1988) schlägt z. B. ein „Komplexitätskriterium" vor, demgemäß von Kognition erst zu sprechen ist, wenn eine große Anzahl von Zielsetzungen unter einer Vielfalt von Umweltbedingungen aufrechterhalten und verfolgt werden kann. Auch dies läßt einen gewissen Willkürbereich übrig, wie überhaupt lebhaft

diskutiert wird, ob Kognition nicht nur Menschen, sondern auch Tieren (bzw. *welchen* Tieren) und Artefakten zuzusprechen ist. – Die scheinbar behavioristische Färbung dieser Begriffsbestimmung wird durch den zweiten Aspekt gemildert:

2. Die in Punkt 1 erwähnten „Vermögen" verdanken sich einer bestimmten „internen Verfassung" des jeweiligen Organismus (oder „kognitiven Systems"). Kognition ist gebunden an interne Strukturen und Verarbeitungsprozesse. *Menschliche* Kognition verwirklicht sich offensichtlich nur in der bestimmten Struktur und Funktionalität des menschlichen *Gehirns.* Jenseits dieser heute selbstverständlich klingenden Feststellung beginnen die Kontroversen um die Art der für Kognition notwendigen „internen Verfassung". Ein „Neuro-Chauvinist" würde annehmen, *nur* das (menschliche) Gehirn könne Kognition realisieren. Dann wäre Kognitionswissenschaft einfach Neurowissenschaft. Dies kann nicht der Sinn der o.g. interdisziplinären Anstrengung sein (abgesehen davon, daß der Neuro-Chauvinismus eine philosophisch höchst problematische Position darstellt). Die „klassische" Kognitionswissenschaft, wie sie etwa von NEWELL und PYLYSHYN vertreten wird, nimmt an, daß ein kognitives System über innere symbolische Repräsentationen verfügen muß, die semantisch evaluierbar sind und regelgeleiteten Umwandlungen zugeführt werden („Symbolverarbeitungsansatz"). Ein Symbol ist dabei jeder umschriebene Input, der in internen Prozessen so verarbeitet wird, daß diese Prozesse nicht als eine Funktion des Symbols selbst ablaufen, sondern als eine Funktion einer anderen Entität, „für die" das Symbol somit „steht" (in Anlehnung an NEWELL 1980). Die symbolischen Repräsentationen werden häufig so gedacht, daß sie regelrecht die Struktur einer *Sprache* annehmen, also aus Komponenten bestehen, die nach syntaktischen Regeln verbunden werden und semantisch bewertbar sind. Damit wird eine erste „Brücke zum Bewußtsein" geschlagen, denn der semantische Gehalt der Repräsentationen soll dem Inhalt unserer *Gedanken* korrespondieren. Die Annahme, daß eine solche „Sprache des Geistes" („language of thought", FODOR 1981 und 1987) physisch in einem kognitiven System (auch im Gehirn) instantiiert ist, soll die Entitäten der Alltagspsychologie wie *Meinungen, Überzeugungen* und *Wünsche* als kausal relevante Items im „kognitiven Arbeiten" relokalisieren. Denn die „mentalen Repräsentationen" können, wie FODOR (1987) meint, sowohl als Gegenstände propositionaler Einstellungen fungieren wie auch als Bereiche mentaler Prozesse: „Glauben, daß *p*" heißt, in einer bestimmten Relation stehen zu einem Vorkommnis eines Symbols, welches *p bedeutet.* Die Art dieser Beziehung variiert mit unterschiedlichen Einstellungen (Glauben, Wünschen, der Überzeugung sein etc.), während die kausalen Beziehungen zwischen den Repräsentationen selbst die semantischen Beziehungen zwischen ihren propositionalen Gegenständen „widerspie-

geln". Mentale Prozesse sind dann einfach kausale Abfolgen solcher Vorkommnisse von mentalen Repräsentationen.

Die Annahme, daß Kognition ein symbolverarbeitender Prozeß ist, gewinnt ihre Plausibilität nicht zuletzt durch die Tatsache, daß Symbole gerade die Kontextunabhängigkeit besitzen, die für die Flexibilität intelligenten Handelns unabdingbar zu sein scheint. Allerdings wurde der „klassische" Symbolverarbeitungsansatz in den letzten Jahren als zu einseitig bzw. als für die Modellierung bestimmter kognitiver Leistungen unzureichend kritisiert und mit dem Alternativparadigma des „Konnektionismus" (FELDMAN und BALLARD 1982, RUMELHART und MCCLELLAND 1986, SMOLENSKY 1988) konfrontiert. Der Rivalität dieser beiden Ansätze liegen interessante Grundsatzprobleme zugrunde, die hier nicht zu diskutieren sind (zur Orientierung s. LISCHKA 1987 und DREYFUS und DREYFUS 1988). Das Aufkommen des Konnektionismus zeigt aber, daß zwar über die obige Annahme (Punkt 2) ganz allgemein Einigkeit besteht, daß aber die Art der internen Organisation ein Streitpunkt bleibt. Denn der Konnektionismus geht – vereinfacht gesagt – von großen Netzwerken sehr einfacher, parallelverarbeitender „Einheiten" aus, denen jeweils numerische „Aktivierungswerte" zugeordnet sind und die untereinander dicht verknüpft sind, wobei jede Verbindung zwischen zwei Einheiten wiederum einen numerischen Wert, die „Gewichtung", besitzt. Eingänge in Gruppen von Input-Einheiten erzeugen ein Aktivierungsmuster, das sich in spezifischer Weise durch das Netz fortpflanzt, um dann in einem bestimmten Aktivierungsmuster von Output-Einheiten zu kulminieren. Experimente bzw. Simulationen mit solchen Netzwerken haben bereits zu interessanten Ergebnissen vor allem für elementare kognitive Leistungen geführt (s. RUMELHART und MCCLELLAND 1986). Entscheidend ist, daß im Konnektionismus eine „subsymbolische" oder „subkonzeptuelle" Ebene die adäquate Beschreibung von Kognition liefert, denn offensichtlich haben die „Einheiten" und ihre Verbindungen selbst keine Symbolstruktur. Allerdings kann argumentiert werden, daß der Konnektionismus im Grunde nur eine Theorie der *Implementierung* letztlich *symbolischer* Systeme ist (s. die Diskussion in SMOLENSKY sowie FODOR und PYLYSHYN 1988). – Jedenfalls hat der rapide Aufschwung des Konnektionismus, dessen „Netze" zumindest eine *gewisse* Ähnlichkeit mit neuronalen Verbänden haben, die Kognitionstheorie wieder stärker auf das „natürliche Substrat" der Kognition, das *Gehirn,* ausgerichtet. Aber beim derzeitigen Stand der Dinge sollte das Gehirn lieber „um seiner selbst willen" untersucht werden, denn die konnektionistische Analogie reicht nicht weit und führt zu schweren Fehlinterpretationen (s. auch SMOLENSKY 1988).

Einen genuinen Gegenstandsbereich kann die Kognitionswissenschaft vielleicht am ehesten aufweisen, wenn sie sich als eine *allgemeine* Theorie der Kognition begreift, also als eine Theorie, die das „Kognizieren" in einer Begrifflichkeit faßt, die vom „Substrat der Kognition" (dem Gehirn, dem Computer?) absieht und, gleichgültig gegen die „physische Realisierung" kognitiver Leistungen, nur die formalen Aspekte kognitiver Prozesse beschreibt. Die Symbolverarbeitungstheorie stellt einen Versuch dar, eine solche Begrifflichkeit bereitzustellen, indem sie Kognition generell als „Computation" im Sinne PYLYSHYNS auffaßt. Hier ist – soweit ich sehe – noch nichts entschieden, und der Streit um den Gegenstandsbereich der Cognitive Science und um den „symbolischen Ansatz" ist eine der spannendsten wissenschaftlichen bzw. philosophischen Auseinandersetzungen dieser Jahre.

1.2 Kognition und Bewußtsein

Offenbar kann man ausführlich von „Kognition" reden, ohne jemals das Wort „Bewußtsein" zu gebrauchen. Genau dies findet in der Kognitionswissenschaft statt, auch wenn PYLYSHYN (1984) einmal bemerkt, das Bewußtsein sei das schwierigste Rätsel für die „Cognitive Science". Wird heute vielleicht von „Kognition" *statt* von „Bewußtsein" geredet? In Kapitel 4 wird gezeigt, daß ein solcher „Themenwechsel" tatsächlich statthat. Aber *sollte* das „Bewußtsein" ein Problem der Kognitionswissenschaft sein? Auch hier ist zunächst zu bestimmen, was mit „Bewußtsein" gemeint sein soll. Der reichhaltige Bewußtseinsbegriff der klassischen Philosophie – vor allem des Deutschen Idealismus – soll hier nicht zugrundegelegt werden (s. aber Kapitel 2). Wenn im folgenden von „Bewußtsein" die Rede ist, kann man sogar von einem umgangssprachlichen Bewußtseinsbegriff ausgehen und an die unproblematische Alltagsintuition appellieren, „Bewußtsein" sei dieses „Gewahrsein unserer selbst", das unser Tun ständig „begleitet" und das sich keiner von uns erst „erschließen" muß. Das ist das Bewußtsein als „Wissen um" die je eigene Befindlichkeit, als das mit-daseiende Gewahren des eigenen Seins. Im Anschluß an NAGEL (1974) können wir den „subjektiven" oder „qualitativen" Aspekt des Bewußtseins hervorheben und sagen, ein Wesen habe Bewußtsein, wenn es *für dieses Wesen irgendwie ist, dieses Wesen zu sein.* In etwas unscharfer Begrifflichkeit wird „Bewußtsein" gern mit „dem Mentalen" oder „dem Geistigen" ineins gebracht; das Bewußtsein scheint das geistige „Forum" zu sein, in dem Denken, Erkennen etc. „sich abspielen". Dadurch, daß die „höheren geistigen Leistungen" für uns *bewußte Akte* sind, scheinen sie geradezu Leistungen *des Bewußtseins* zu sein. Auch scheint Bewußtsein in Form von *bewußten Willensakten* – etwa in der Willkürmotorik – in die kausalen Abläufe auf der materiellen Ebene einzugreifen. Solche primär begegnenden Aspekte des Bewußtseins führen zur Frage nach dem ontologischen (und epistemologischen) Status des Mentalen insgesamt. Dies ist das Leib-Seele- (besser: Hirn-Seele-)Problem, zu dem ich andernorts Stellung genommen habe (KURTHEN 1984, 1986, 1988, 1989). Es gilt heute als weitgehend selbstverständlich, auf die Frage nach dem Verhältnis des Mentalen zu seinem „materiellen Substrat" eine *irgendwie* materialistische Antwort zu geben, und es gibt höchst scharfsinnige Versuche, die dualistische Intuition: „Das Gehirn *bringt* Bewußtsein *hervor*, aber Bewußtsein ist doch *etwas Anderes* als das Gehirn!" zu unterlaufen. Wenn nun Kognition wie auch Bewußtsein *durch das Gehirn* realisiert werden, und wenn dazu noch die „interessantesten" (aber keineswegs alle) kognitiven Prozesse *bewußte Prozesse sind* (oder vorsichtiger: von Bewußtsein *begleitet sind*), dann liegt die Annahme nahe, daß eben die Hirnprozesse – oder die „computationalen" Prozesse, die ein „kognitives System" angeblich haben muß –, die Kognition realisieren, auch Bewußtsein „mitrealisieren". Dann wäre eine Kognitionstheorie zugleich eine Theorie des Bewußtseins.

Aber wenn „Kognition" im oben eingeführten Sinne an intelligentem Handeln und innerer Verfassung des kognitiven Systems „festgemacht" wird, dann *muß* eine Kognitionstheorie Bewußtsein *nicht* erklären. Wir „handeln intelligent" *aufgrund* unserer so und so strukturierten und organisierten inneren Abläufe (vor allem im Gehirn); dazu braucht es kein Bewußtsein. Dem steht (s.o.) das zunächst unproblematische Phänomen entgegen, daß wir Bewußtsein *haben* und daß für uns unser Kognizieren (zum Teil) etwas Bewußtes ist (das Beispiel der Volition). Eine Kognitionstheorie, die sich vom „lästigen" Bewußtsein befreien will, muß zeigen, daß dieses Für-uns-bewußt-Sein der Kognition „unwesentlich" ist, daß also entweder Kognition *immer* ohne Bewußtsein ablaufen könnte, oder daß Bewußtsein *als* Kognition, *als* Computation, *als* zerebraler Prozeß sinnvoll gedacht werden kann. Die erste Alternative scheint zu einem unattraktiven Epiphänomenalismus (oder zu einer verwandten Position) zu führen, der immer das Bild vom bewußtlosen GOETHE evoziert, der gerade den „Faust" schreibt. Attraktiver – und für die empirische Forschung heuristisch sinnvoller – ist sicher die zweite Alternative, die in ihrer interdisziplinären Version wieder neues Leben bringt in die vom ewigen Hin und Her um einen „konsistenten Materialismus" ermüdete Diskussion.

Wenn wir „nur" wissen wollen, kraft welcher „inneren Organisation" ein materielles System „erfolgreich" handelt, dann können wir versuchen, Kognition ganz ohne Bewußtsein zu denken. Es ist *eine* Frage, ob das wirklich alles ist, was wir wissen wollen; eine andere, ob wir auf diesem Weg überhaupt alles über die Kognition herausfinden. – Wie dem auch sei, in den folgenden fünf Kapiteln werden einige Aspekte des Bewußtseins thematisiert, von denen ich annehme, daß sie auch für die Kognitionswissenschaft interessant sein könnten. Dabei werden nicht in erster Linie Einzelergebnisse der Forschung dargestellt, sondern Überlegungen zu allgemeineren Problemen, die jeweils gemeinsame Anstrengungen von mehreren kognitionswissenschaftlichen Disziplinen erfordern. Häufig (v.a. in Kapitel 3 und 5) wird auch der neurowissenschaftliche Aspekt im Vordergrund stehen, der in der bisherigen Kognitionswissenschaft – vielleicht wegen des vorherrschenden Funktionalismus – zu wenig berücksichtigt worden ist. Wenn gelegentlich von einer „Kognitiven Neurowissenschaft" die Rede ist, dann meint dies: eine Neurowissenschaft *in ihrer Beziehung zur Kognitionswissenschaft,* oder auch: der neurowissenschaftliche *Anteil* der Kognitionswissenschaft. Eine *solche* Kognitive Neurowissenschaft gibt es strenggenommen bislang nicht, und auch hier können nur erste Hinweise darauf gegeben werden, daß es sich lohnen würde, einem solchen Projekt mehr Aufmerksamkeit entgegenzubringen.

Die einzelnen Kapitel sind inhaltlich weitgehend geschlossen und können für sich gelesen werden; dadurch ergeben sich von Zeit zu Zeit Überschneidungen und Wiederholungen, welche ich aber ständigen Vor- und Rückverweisen vorgezogen habe.

Ein wichtiges Problem im Umkreis von „Kognitionswissenschaft und Bewußtsein" wird im folgenden nur ganz am Rande (in Kapitel 4) behandelt – nicht weil ich seine Bedeutung nicht würdigen wollte, sondern im Gegenteil, weil es mir eine ganz gesonderte Behandlung (vielleicht in einer späteren Arbeit) zu erfordern scheint. Ich meine das Problem der *Intentionalität* oder der „Psychosemantik" (FODOR 1987), das sich speziell für eine repräsentationale Theorie des Geistes ergibt, deren „innere Repräsentationen" *semantisch bewertbar* sein sollen (bzw. sein müssen): kraft welcher Eigenschaften *beziehen* sich die Repräsentationen *auf etwas? Für wen (oder was?)* hat eine Repräsentation sprachliche Bedeutung? Offensichtlich darf die semantische Bewertung nicht von außen kommen, sondern das kognitive System selbst muß die „intentionale Leistung" vollbringen. Und hier scheint das Bewußtsein wieder ins Spiel zu kommen, denn ist es nicht *für mich* (als bewußtes Wesen), daß Repräsentationen „sich auf etwas beziehen"? Ist es nicht die „intrinsische Intentionalität" des Geistes (SEARLE 1983), auf die man hier zurückgreifen muß? – An der „Intentionalität" zeigt sich noch einmal der enge Zusammenhang von Bewußtsein und Kognition, den eine Psychosemantik nicht wird vernachlässigen können.

1.3 Vorblick

Kapitel 2 kann als eine Art „philosophisch-historische Einleitung" gelesen werden. Die Parallelität der Gedanken des „Nachkantianers" SALOMON MAIMON und des analytischen Philosophen WILFRID SELLARS erschien mir bemerkenswert, und ihre Darstellung gibt Anlaß, einige grundsätzliche Punkte zu bedenken, die noch „vor" einer Kognitionswissenschaft liegen. Die Lektüre von „Klassikern" wie MAIMON zeigt, daß die „neue" Kognitionswissenschaft nicht ahistorisch zu sehen ist. Selbstverständlich ist die Transzendentalphilosophie nicht der „Vorläufer" der Kognitionswissenschaft. Aber über methodologische und disziplinäre Grenzen hinweg ergeben sich doch inhaltliche Beziehungen. Das, was wir heute geradezu technokratisch verkürzt als „Kognition" fassen, gehörte bei MAIMON in einen reichhaltigeren Kontext, den der „Erkenntnis", und es war kein Problem, die Rolle des Bewußtseins in diesem Kontext (und ausgehend von KANTS richtungweisenden Vorgaben) mitzudiskutieren. Der Vergleich mit SELLARS zeigt zudem, daß sich aus diesen klassischen Philosophemen, deren Distanz zur Empirie heute gern bemängelt wird, viel „Aktuelles" schöpfen läßt – und vieles, das mit der „empiriefreundlichen" analytischen Philosophie durchaus zusammenstimmt. Am Beispiel der Dekonstruktion des „Gegebenen" werden diese Sachverhalte diskutiert.

Dabei war es mir sehr willkommen, MAIMON gerade mit SELLARS zu vergleichen. Denn die in Kapitel 2 besprochene Destruktion des „Mythos des Gegebenen" kann geradezu als *Keimzelle* für eine ganze Reihe von Einsichten angesehen werden, die für die philosophischen Grundlagen der Kognitionswissenschaft von Bedeutung sind. Eine kleine Zusammenstellung:

a) In SELLARS „Mythos von Jones" wird unser mentalistischer Alltagsdiskurs als ein theoretischer Diskurs eingeführt, dem ein anderer (und „gröberer") Diskurs voranging und der von einem weiteren (dem „wissenschaftlichen") Diskurs abgelöst werden wird. Diese Auffassung nimmt die in der heutigen Kognitionswissenschaft häufig als zentral empfundene Fragestellung vorweg, in welcher Beziehung der (auch als *Theorie,* als „folk psychology" verstandene) alltagspsychologische Diskurs zu einer ausgereiften Theorie der Kognition stehen könnte (s. STICH 1983).

b) Indem SELLARS in seiner mythischen Rekonstruktion *Semantizität* und gewissermaßen auch *Intentionalität* primär offenen Sprachepisoden zuschreibt und solche Episoden als „Modelle" für die mentalistische Entität „Gedanke" auftreten läßt, bereitet er den Boden für Untersuchungen, die den „Geist" buchstäblich „wie eine Sprache strukturiert" sehen. Durch die Analogisierung von Gedanken und gesprochenen Sätzen erscheint die Intentionalität propositionaler Einstellungen als ein gegenüber der sprachlichen Bedeutung von Äußerungen abgeleitetes Phänomen (s. Kap. 4). Dies entspricht der in der heutigen Kognitionswissenschaft vorherrschenden Tendenz, Intentionalität überhaupt als Semantizität aufzufassen.

c) SELLARS sorgfältige Auseinandersetzung mit den „1. Person-Aspekten" des Mentalen (Privatheit, Unmittelbarkeit etc.) und mit den Aporien des reduktiven Materialismus hat den Boden bereitet für die heutigen, weithin akzeptierten „nichtreduktiven Materialismen" (obwohl SELLARS nicht *für diese* argumentierte!; s. KURTHEN 1989). Die Annahme irgendeines schwachen Materialismus ist eine der Voraussetzungen für den Problemwechsel vom traditionellen Leib-Seele-Problem zum kognitionswissenschaftlichen Problem der Psychosemantik (s. Kap. 4).

d) SELLARS gehört ferner zu den wenigen, die eine mögliche neurowissenschaftliche Erklärung des Mentalen nicht nur als bloße „Denkmöglichkeit" benutzt, sondern sich auch um konkrete Probleme einer „Rekategorisierung des Mentalen in den Neurowissenschaften" bekümmert haben (s. KURTHEN 1988). Dabei hat er besonders die Frage thematisiert, wie die – für den hier benutzten „einfachen" Bewußtseinsbegriff entscheidenden – qualitativen Gestaltungen des Bewußtseins in einem neurowissenschaftlichen Begriffsgefüge untergebracht werden könnten (s. SELLARS 1971 und 1981 sowie KURTHEN 1989).

Der in Kapitel 2 erläuterte „Mythos von Jones" stellt, wie gesagt, den Ausgangspunkt all dieser Überlegungen dar, so daß es mir sinnvoll erschien, diese „kognitionswissenschaftliche Quelle" zu Beginn zu diskutieren.

Kapitel 3 greift die Frage auf, inwieweit das Konzept der *funktionalen Einheit* für eine Kognitive Neurowissenschaft von Bedeutung ist. Es wird argumentiert, daß gerade aufgrund der anatomischen und funktionalen Organisation des Kortex in Subsystemen ein zumindest heuristisch motiviertes Konzept der funktionalen zerebralen Einheit sinnvoll ist, um die koordinierten Gesamtleistungen des Gehirns begrifflich zu fassen. *Ein Aspekt dieser funktionalen Einheit ist die phänomenale Einheit des Bewußtseins.*

Kapitel 4 geht direkt auf die Probleme des „Bewußtseins in der Kognitionswissenschaft" ein, die in dieser Einleitung schon angedeutet wurden. Warum spricht die Kognitionswissenschaft nicht über „Bewußtsein"? Es zeigt sich, daß die „Intentionalität" (als Semantizität) in weiten Bereichen die Rolle des „Bewußtseins" übernommen hat, und ich versuche, die philosophischen Hintergründe dieses Themenwechsels ein wenig aufzuhellen. Dabei wird auch ersichtlich, daß der Übergang „vom Bewußtsein zur Intentionalität" in eine ganze Gruppe von Übergängen gehört, die für die „Cognitive Science" charakteristisch sind.

Kapitel 5 thematisiert einen ganz anderen Aspekt des Bewußtseins: den der Kriterien der Fremdzuschreibungen von Bewußtsein. Unter welchen Bedingungen und aus welchen Gründen nehmen wir an, daß Andere

Bewußtsein haben? Das ist das Problem des Fremdseelischen, das gewissermaßen die intersubjektive Seite (oder die 3. Person-Aspekte) des Bewußtseins betrifft. Es wird versucht zu zeigen, daß die Tatsache, daß wir Bewußtsein üblicherweise anhand behavioraler Kriterien zuschreiben, nicht eine behavioristische Epistemologie des Fremdseelischen stützen kann. Es wird ausführlich ein klinisch-neurologisches Beispiel von „Bewußtsein ohne Verhaltensausdruck" diskutiert – das „totale Locked-in Syndrom" –, anhand dessen die Möglichkeiten neurologischer bzw. neurophysiologischer Kriterien des Bewußtseins erwogen werden. Letzten Endes wird ein modifiziert Wittgensteinscher Ansatz zur Lösung des Problems des Fremdseelischen favorisiert, der es auch erlaubt, die vermeintliche Kluft zwischen den 1. Person- und den 3. Person-Aspekten des Mentalen zumindest zu verkleinern (s. auch Kapitel 4).

Kapitel 6 stellt eigentlich nur eine kleine Anmerkung zu einem vielbehandelten Thema dar, das in diesem Zusammenhang aber auch nicht ganz übergangen werden soll: das „Bewußtsein der Maschinen". Können Artefakte („intelligente" Computer etc.) *Bewußtsein* haben? Hier wird nur kurz dafür plädiert, daß der Behandlung dieser Frage der gleiche „modifiziert Wittgensteinsche" Ansatz zugrundegelegt werden sollte, auf den ich schon in Kapitel 5 meine Hoffnungen gesetzt hatte.

Weitere Fragestellungen, die im folgenden *nicht* eigens thematisiert werden, betreffen die, sagen wir, „kritischen Metastandpunkte" zur Kognitionswissenschaft. Hier wären wissenschaftspolitische bzw. -soziologische Gesichtspunkte zu nennen wie die Beziehungen zwischen kognitionswissenschaftlicher Forschung, militärischen Entwicklungen und staatlicher Wissenschaftsförderung. Ferner weitere philosophische Erwägungen, die z.B. das leise Unbehagen betreffen, das die Kehrseite der Begeisterung über den „kognitionswissenschaftlichen Fortschritt" bildet und das sich in dem Slogan vom *Verschwinden des Menschen „selbst" in der Erforschung des Menschen* artikulieren kann. Der menschliche Geist wird nur noch auf sein „Funktionieren" hin befragt. Denken ist „Computation", eines „Bewußtseins" bedarf es nicht. Die zerebralen Leistungen der „Informationsverarbeitung" werden in immer „präziseren", formalisierten Beschreibungen erfaßt. Der Mensch wird als kognitives System „berechnet", und das Bild, zu dem er dann wieder zusammengesetzt wird, gleicht eher einer Maschine. Vielleicht ist dies nur der letzte (und konsequente) Ausdruck der Tatsache, daß *der Mensch selbst* sich längst auf die Seite der nur noch technisch zu „vernutzenden" Gegenstände und Maschinen begeben hat und somit selbst *maschinenhaft* plan-, berechen- und kontrollierbar geworden ist (Heidegger 1954). Dann wäre er *in der Maschine verschwunden,* bevor er die Gelegenheit hätte ergreifen können, sich selbst „wirklich" zum *Verschwinden* zu bringen. Aber das ist, wie gesagt, eine andere Geschichte ...

Hier wäre noch der Ort, getreu dem Ritual die Namen der Personen aufzuführen, die für alles *Vernünftige* in meinem Text verantwortlich sind, während ich selbst für alle *Fehler* und *Ungereimtheiten* aufkomme. In unterschiedlichster Weise hilfreich fand ich jedenfalls das „intelligente Verhalten" von (alphabetisch): Barbara Becker, Olaf Breidbach, Stefan Büttner, Harvey P. Gavagai, Dieter Gogolin, Gerhard Helm, Anton F. Koch, Detlef B. Linke, Christoph Lischka und Angelika Weber.

Literatur

DREYFUS, H.L., DREYFUS, S.E. (1988): On the proper treatment of Smolensky. Behavioral and Brain Sciences 11: 31–32.

FELDMAN, J.A., BALLARD, D.H. (1982): Connectionist models and their properties. Cognitive Science 6: 205–254.

FODOR, J.A. (1981): Representations. Philosophical Essays on the Foundations of Cognitive Science. Brighton; Harvester Press.

FODOR, J.A. (1987): Psychosemantics. The Problem of Meaning in the Philosophy of Mind. Cambridge; MIT Press.

FODOR, J.A., PYLYSHYN, Z.W. (1988): Connectionism and cognitive architecture: A critical analysis. Cognition 28: 3–71.

HEIDEGGER, M. (1954): Vorträge und Aufsätze. Pfullingen; Neske.

KURTHEN, M. (1984): Der Schmerz als medizinisches und philosophisches Problem. Anmerkungen zur Spätphilosophie Wittgensteins und zur Leib-Seele-Frage. Würzburg; Königshausen & Neumann.

KURTHEN, M. (1986): Leib–Seele – ein synchronistischer Zusammenhang? In: KURTHEN, M: Synchronizität und Ereignis. Essen; verlag die blaue eule: 81–99.

KURTHEN, M. (1988): Ein heuristisches Prinzip für die Neurowissenschaften. In: LINKE, D.B., KURTHEN, M.: Parallelität von Gehirn und Seele. Stuttgart; Enke: 53–99.

KURTHEN, M. (1989): Qualia, Sensa und absolute Prozesse. W. Sellars' Kritik des psychozerebralen Reduktionismus. Zeitschr. f. allg. Wissenschaftstheorie (im Druck).

LISCHKA, Ch. (1987): Über die Blindheit des Wissensingenieurs, die Geworfenheit kognitiver Systeme und anderes ... KI 4/87: 15–19.

NAGEL, T. (1974): What is it like to be a bat? The Philosophical Review 83: 435–450.

NEWELL, A. (1980): Physical symbol systems. Cognitive Science 4: 135–183.

NEWELL, A. (1982): The knowledge level. Artificial Intelligence 18: 87–127.

PYLYSHYN, Z.W. (1984): Computation and Cognition. Toward a Foundation for Cognitive Science. Cambridge; MIT Press.

RUMELHART, D.E., MCCLELLAND, J.L. (1986): Parallel Distributed Processing. Explorations in the Microstructure of Cognition. 2 Vols. Cambridge; MIT Press.

SEARLE, J.R. (1983): Intentionality. An Essay in the Philosophy of Mind. Cambridge; Cambridge University Press.

SELLARS, W. (1971): Science, sense impressions, and sensa: A reply to Cornman. Review of Metaphysics 24: 391–447.

SELLARS, W. (1981): Foundations for a metaphysics of pure process. The Carus Lectures of W. Sellars. The Monist 64: 3–90.

SMOLENSKY, P. (1988): On the proper treatment of connectionism. Behavioral and Brain Sciences 11: 1–74.

STICH, S. (1983): From folk psychology to cognitive science: the case against belief. Cambridge; MIT Press.

2 Schein oder Mythos des Gegebenen?
Maimon und Sellars zur phänomenalen Gegebenheit im Bewußtsein

Das „Gegebene" – dasjenige, welches im Bewußtsein unmittelbar und vor aller Tätigkeit des Erkenntnisvermögens anzutreffen ist – wurde in der philosophischen Tradition gern als etwas „Rohes", noch zu Bearbeitendes gedacht, als pures Sinnesmaterial, aber auch als etwas Ursprüngliches, den „Sachen selbst" vielleicht Nächststehendes. Daß die „roh"-Konnotation nicht ganz grundlos ist, zeigt sich zumindest daran, daß der Begriff des Gegebenen jedenfalls selbst ein „Material" war, das in verschiedenste epistemologische und ontologische Theoriegerüste eingepaßt (oder -gezwängt) werden konnte. Im folgenden sollen zwei dieser Gerüste vorgestellt werden, die insofern als „Theorien zweiter Ordnung" angesprochen werden könnten, als ihre Urheber – Salomon Maimon und Wilfrid Sellars – das „Gegebene" jeweils in ihre Theorie *einbanden* , indem sie es aus einer anderen *herauslösten:* für Maimon ergab sich das Erfordernis, dem Gegebenen einen neuen Status zuzuordnen, aus dem (vermeintlichen?) Entdecken einiger Lücken und Fehler in der kantischen kritischen Philosophie (wobei er als einer der ersten die unangenehme Erfahrung machte, daß das kantische System einen vorwitzigen Verbesserer, der es wagt, *einen* Baustein durch einen neuen zu ersetzen, dadurch bestraft, daß es ihm gleich ein ganzes Bündel von neuen Problemen entstehen läßt); für Sellars ging es darum, gewissen empiristischen und Sinnesdaten-Theorien (aber auch nichtgenannten anderen) das vermeintliche Fundament empirischen Wissens – eben das als Anfängliches fungierende Gegebene – zu nehmen und als ein Spätes zu relokalisieren, das seinerseits eines Fundaments bedarf. In den folgenden beiden Abschnitten sollen Maimons und Sellars' Statuszuweisungen für das „Gegebene" zunächst unabhängig voneinander in ihrem jeweiligen theoriehistorischen Kontext erläutert werden; im letzten Abschnitt wird dann zu fragen sein, wie die dabei aufscheinenden Parallelitäten in Intention und Argumentationsweise zu interpretieren sind.

2.1 Maimon: Differenzierung des Gegebenen

2.1.1 Der Ausgangspunkt: Die Rezeption der „Kritik der reinen Vernunft"

Salomon Maimon (1753–1800) gilt als ein klassischer Außenseiter in der Philosophiegeschichte: er hat niemals an einer Universität gelehrt und verbrachte den überwiegenden Teil seines Lebens in schärfster Armut und unter teils verheerenden Lebensbedingungen (s. die informative Autobiographie in den „Gesammelten Werken", Band 1, S. 1–588; im folgenden wird Maimon aus dieser Ausgabe zitiert nach (Band-Nr.: Seitenzahl)). Die philosophische Fachliteratur stand ihm demzufolge nur sehr bruchstückhaft zur Verfügung. Vielleicht auch aus diesem Grund entwickelte Maimon die Fähigkeit, auch schwierigste Texte bei der ersten schnellen Lektüre zu durchdringen und ihre Fehler und Argumentationslücken zu erkennen – eine Fähigkeit, die wichtig und nützlich war zu einer Zeit, da mit dem kantischen System ein Entwurf in den philosophischen Raum gestellt worden war, von dem beileibe nicht jeder zünftige Philosoph sagen konnte, er habe ihn verstanden. Maimon befand sich jedoch argumentativ gleich auf einer Höhe mit Immanuel Kant, Karl Leonhard Reinhold und Johann Gottlieb Fichte, welche „Kollegen" ihm auch – teils erstaunt, teils widerwillig – anerkennende Beachtung entgegenbrachten (s. die bekannte Stelle in Fichtes „Wissenschaftslehre" von 1794, S. 146). Maimon erkannte sofort die überragende Bedeutung der kantischen „kritischen Philosophie" und stellte sich die Aufgabe, diese zu explizieren und – wo nötig – zu korrigieren. In der damaligen Kant-Rezeption wurden v.a. die Konzepte der „Transzendentalität" und des „Ding an sich" problematisiert, wobei sich insbesondere Reinhold und Schulze exponierten. Diese beiden sahen sich dann auch bald Maimons Kritik ausgesetzt, einer Kritik, die aber nicht minder das kantische „Ding an sich" attackierte. Der Zusammenhang zwischen dem umstrittenen „Ding an sich" und dem für die hiesigen Belange zentralen Begriff der Gegebenheit ergibt sich daraus, daß das Ding an sich als das Affizierende ausgemacht wurde, das für das *Geben* des Gegenstandes verantwortlich zu sein schien. Zur Erinnerung also kurz Kants Bestimmung des Gegebenen in der „Kritik der reinen Vernunft":

- Gegebenes ist nur vermittels der Sinnlichkeit, der Fähigkeit oder Rezeptivität also, „Vorstellungen durch die Art, wie wir von Gegenständen affiziert werden, zu bekommen" (B 33). Diese pure Rezeptivität impliziert die Aspontaneität des Gegebenen (B 68).
- Die Mannigfaltigkeit des in der Anschauung Gegebenen ist *vor* und *unabhängig von* der Synthesis des Verstandes (B 145); das Gegebene wird den reinen Verstandesbegriffen als ein „Stoff" (B 102) dargeboten. Da die Verstandesbegriffe nur auf Gegenstände möglicher

Erfahrung gehen können, ist überhaupt keine Erkenntnis möglich, die nicht auf das Gegebene rekurrierte (B 146).
- Das Geben des Gegebenen geschieht gewissermaßen „von außerhalb". Die Innen-Außen-Metaphorik ist in der Kritik der reinen Vernunft recht kompliziert und hat auch in den Streit um das Ding an sich hineingewirkt: so heißt es etwa bezüglich der „Naturerscheinungen", daß sie „Gegenstände sind, die uns unabhängig von unseren Begriffen gegeben werden, zu denen also der Schlüssel nicht in uns und unserem reinen Denken, sondern außer uns liegt ..." (508). Die Frage ist, inwieweit das „außer uns" ontologisiert werden muß: der Gegenstand ist nur als Objekt der sinnlichen Anschauung (gegeben), ist Erscheinung. Erscheinungen aber fordern einen Grund, der nicht Erscheinung ist, sie tun Anzeige auf ein Ding an sich, *davon* sie Erscheinung sind (B XXVI). Ist das Ding an sich das Affizierende, das Gegebenes gibt?

2.1.2 Der „hypothetische" Charakter der kritischen Philosophie

In Auseinandersetzung mit REINHOLD und SCHULZE verwirft MAIMON sowohl ein reales Ding an sich als Affizierendes als auch das Argument, KANT habe sich den elementaren Widerspruch geleistet, das Ding an sich einerseits als unerkennbar, andererseits in einem Realverhältnis mit unseren Vorstellungen zu denken. Nach MAIMON kommen die Dinge an sich schon in der Kritik der reinen Vernunft „ganz aus dem Spiel" (3/201). Die Vernunftkritik denkt die Erfahrung nicht als durch Dinge an sich bewirkt, sondern negativ als „Erkenntnis, die nicht durch die bloßen Gesetze des Erkenntnisvermögens bestimmt wird" (2/349). MAIMON macht in diesem Zusammenhang zwei Verwechslungen aus, die es zu vermeiden gilt:

a) die von Erkenntnis- und Realgrund: KANT sei es stets nur um realiter bestehende Erkenntnisstrukturen zu tun, um deren „Wirkungsarten und Gesetze", nicht aber um ihre Realgründe (2/349); und damit assoziiert:

b) die von Grund und Ursache: in der Vernunftkritik stehen allein *Gründe* – „vorher erlangte Erkenntnis als Bedingung einer neuen Erkenntnis betrachtet" (5/300) – zur Diskussion, nicht aber *Ursachen,* nach denen gefragt würde, wenn die neue Erkenntnis die „Art des Daseins der Objekte" beträfe. Ein „Ding an sich" wäre also für die Stringenz der kantischen Argumentation nicht erforderlich, auch nicht als Substrat der Affektion, denn diese ist ebenfalls negativ bestimmbar als ein Modus des Gebens, der nicht durch apriorische Erkenntnisgesetze determiniert ist; damit deutet sich an, daß auch die *Gegebenheit* negativ und ohne Rekurs auf die Innen-Außen-Metaphorik bestimmbar ist (s.u.). MAIMON geht also einen Schritt weiter als KANT und faßt das Ding an sich als Vollständigkeit und „Gränze" der Erscheinung selbst (3/201). Die hartnäckige Idee von einem Ding an sich außer uns beruht nach MAIMON auf einer psychologischen Täuschung, die sich aus dem Umstand herleitet, daß die Einbildungskraft uns zwar *Vorstellungen* – Reproduktionen von jeweils „einem Teil einer Synthesis in Beziehung auf diese Synthesis" (2/249) – von Objekten gibt, aber nicht stark genug ist, eine *Darstellung* zu geben im Sinne eines „vollständigen Bewußtseins aller Teile der Synthesis und der Synthesis selbst", welche Darstellung sich auf nichts außer sich selbst bezieht.

Die Vorstellung eines Objekts sucht also aufgrund ihrer Defizienz eine vollständige Synthesis; da aber nur das ursprüngliche Objekt als Vorstellung gegeben ist, wird außerhalb dessen ein weiteres Objekt fingiert, gleichsam als „Urbild", worauf sich das ursprüngliche Objekt bezieht (5/300).

In der MAIMONSchen Verteidigung der Transzendentalität in der Diskussion um das Ding an sich kündigt sich aber auch schon der entscheidende – skeptische – Einwand gegen die „kritische Philosophie" an: sowenig diese es mit Ursachen bzw. Realgründen von Erkenntnis zu tun hat, sowenig kann sie auch die Realität ihrer eigenen Begriffe dartun. MAIMON gesteht der Kritik der reinen Vernunft zu, die Frage *quid iuris*? des Gebrauchs apriorischer Begriffe durch die transzendentale Wende beantwortet zu haben, findet aber die Frage *quid facti*?, d.h. „ob wir diese Begriffe und Sätze a priori von empyrischen Objecten wirklich gebrauchen" (5/53, 477) von KANT ungerechtfertigterweise als Faktum vorausgesetzt. MAIMON sieht KANT in einem Zirkel gefangen: „Diese transzendentalen Prinzipien a priori sind zwar Bedingungen vom Erkennen eines Objekts möglicher Anschauung überhaupt. Aber ihr Gebrauch wird wiederum durch den Begriff eines Objekts möglicher Anschauung überhaupt bedingt" (7/388f). KANT zeigt zwar die Bedingungen der *Möglichkeit* von Erkenntnis auf, die *Realität* eines Begriffs erfordert aber sowohl eine bestimmte Bedeutung – welche nur mit Hilfe logischer Prinzipien ermittelt werden kann – als auch einen möglichen Gebrauch, welcher aber nur unter der *Voraussetzung* möglicher Erfahrung entstehen kann. Nun wird aber bei KANT lediglich mögliche Erfahrung dadurch bestimmt, daß ihr *Begriff* keinen Widerspruch enthält, nämlich: „Es enthält keinen Widerspruch, daß Erscheinungen in einer notwendigen Synthesis a priori gedacht, und dadurch als Objekt der Erfahrung bestimmt werden sollen" (7/392). Um aber diesem Begriff möglicher Erfahrung Realität zu geben, muß sein wirklicher Gebrauch in wirklicher Erfahrung vorausgesetzt werden – denn dartun kann man ihn nicht: der Begriff möglicher Erfahrung gibt niemals Erfahrung als Objekt. Die kritische Philosophie kann also – so MAIMON – wirkliche Erfahrung nur voraussetzen, nicht begründen, und daher „bloß zu einem System unserer Erkenntnis a priori führen, dessen Glieder hypothetisch zusammenhangen" (7/393).

MAIMONS Skeptizismus besteht darin, den wirklichen Gebrauch der Begriffe a priori im Feld der Erfahrung zu bezweifeln. Die Frage wäre jetzt, welchen Status das „Gegebene" in einem solchen Skeptizismus zugewiesen bekäme. Es läßt sich schon erahnen, daß die Aspontaneität und die Präkonzeptualität des Gegebenen für MAIMON fragwürdig werden. Doch bevor diese Ahnung bestätigt werden kann, ist noch ein Blick auf MAIMONS positive Bestimmung seiner eigenen Philosophie erforderlich, die sich in Schlüsselbegriffen wie „reelles Denken", „Satz der Bestimmbarkeit" und „Differential" ausspricht.

2.1.3 Das „reelle Denken"

Das Verwerfen eines Dinges an sich außer uns stellt MAIMON vor die Aufgabe, zu zeigen, wie das Erkenntnisvermögen selbst auch Funktionen des Objekts wahrnehmen kann. So bestimmt er auch das Objekt statt als „fingiertes Etwas" nun als dasjenige im Erkenntnisvermögen, „was bei allen Veränderungen des Subjekts unverändert bleibt" (5/176), also lediglich als ein solches, das „im Erkenntnisvermögen selbst Gegenstand einer Funktion desselben ist" (5/304). In dieser Operation zeigt sich sowohl MAIMONS Standpunkt der Bewußtseinsimmanenz (den insbesondere KUNTZE 1912 betont) als auch seine Neigung, phänomenale Qualitäten von Bewußtseinsinhalten zu hintergehen. Nun hatte die Kant-Kritik die Frage offengelassen, wie denn garantiert werden könne, daß zwei Objekte in dem durch ein Urteil gedachten Verhältnis *wirklich* stehen, und MAIMON findet das Kriterium für das von ihm so genannte „reelle Denken" im Satz der *Bestimmbarkeit*:

zwei im Denken zu verbindende Objekte können in dreierlei Beziehung zueinander stehen:

a) kann jedes auch ohne das andere Gegenstand des Bewußtseins sein, es besteht dann für eine Einheit beider im Bewußtsein kein reeller Grund (*willkürliches* Denken),

b) wäre es möglich, daß keines von beiden ohne das andere Gegenstand des Bewußtseins sein kann; da aber ein reelles Objekt an sich und ohne Beziehung auf ein anderes Gegenstand des Bewußtseins muß sein können, ist damit ein bloß *formelles* Denken gekennzeichnet;

c) kann das eine Objekt auch an sich, das andere aber nur in Verbindung mit dem einen Gegenstand des Bewußtseins sein, dergestalt, daß das eine Objekt also eine Realität besitzt und diese durch die Verbindung noch gewinnt, das andere Objekt aber überhaupt erst durch die Verbindung Realität erlangt: dies *reelle* Denken hat nach MAIMON in allen Sätzen a priori der Mathematik statt, etwa in dem Satz: „Diese Linie ist gerade", indem die Linie an sich ein Gegenstand des Bewußtseins ist, das Geradesein aber nicht ohne etwas, das gerade ist. Damit ist der Satz der Bestimmbarkeit als a priori-Kriterium des reellen Denkens gefunden (diese ganze Argumentation findet sich vor allem in 6/165–169 und 5/491–496): „Das gegebene Mannigfaltige muß in dem Verhältnis zueinander stehen, daß das Subjekt auch an sich ohne das Prädikat, dieses aber nicht ohne jenes ein Gegenstand des Bewußtseins überhaupt sein kann" (5/493). Das Subjekt fungiert als das Bestimmbare, das Prädikat als Bestimmung, die eine mögliche Bestimmung dieses Subjekts sein muß. An dieser Stelle wird noch einmal MAIMONS Skeptizismus und Apriorismus verständlich: ein durchgängiges Bestimmbarkeitsverhältnis findet sich nur in den Objekten der Mathematik, in den empirischen Objekten liegt lediglich eine Synthesis der Einbildungskraft vor, indem die Eigenschaften, die das empirische Objekt ausmachen, einander zwar in Raum und Zeit begleiten, aber auch ohne die jeweils andere Gegenstand des Bewußtseins sein können. Die empirischen Objekte können zwar Beständigkeit besitzen (der tägliche Sonnenaufgang), daraus aber keine Notwendigkeit gewinnen: Notwendigkeit läßt sich nur aus absoluter, nicht aus komparativer Allgemeinheit schließen. Gesetzt aber, ein Naturgesetz besäße absolute Allgemeinheit, „so müßte es, da es sich auf alle Objekte der Natur bezieht, in der Möglichkeit eines Objektes überhaupt seinen Grund haben. Es wird also nicht mehr als Erfahrungsgesetz, sondern a priori von allen Objekten der Erfahrung gelten" (7/151f; s. zu dieser Argumentation auch 2/102f, 5/189f und CASSIRER 1974: 133f).

2.1.4 Das Differential als Grund des Gegebenseins

Ein weiterer Angriff auf die Wirklichkeit der nur als möglich bestimmten Erfahrung wird von MAIMON mit Hilfe des Begriffs des „Differentials" initiiert; dies führt dann zum Problem des Gegebenen zurück. Die Kritik an KANT stellte MAIMON nämlich vor weitere Probleme: wenn ein affizierendes Ding an sich als zu denkendes Korrelat der Erscheinung aus dem Theorierahmen fällt, wie kommt dann das Objekt des Bewußtseins zustande? Wie läßt sich also *innerhalb* des Bewußtseins das Objekt auflösen? MAIMON schlägt vor: es ist ein Rückgang möglich in den *Grund* der Gegebenheit eines Objekts: jedes Objekt verdankt seine Verfassung einer „besonderen Regel des Entstehens", eben dem „Differential". Man nehme als Beispiel die simple Farbwahrnehmung von „rot" (s. für dies und das folgende: 2/27ff, 2/349ff); diese muß, um bewußt zu sein, eine endliche Ausdehnung und einen endlichen Grad der Qualität zugewiesen bekommen. Das Differential dieser Wahrnehmung wäre zu gewinnen durch die weitestmögliche Rückführung der endlichen Ausdehnung zu einem „physischen Punkt" und einer analogen Reduktion des Grades der Qualität. Die Bestimmung dieses „unendlichen Kleinen" verläuft abermals über das Begriffspaar Vorstellung/Darstellung: das

Differential ist nicht bewußt, da ein im Bewußtsein Vorfindbares einen gewissen endlichen Grad an Ausdehnung und Qualität haben muß. Es wäre zu einfach, das Erreichen dieses Grades mit dem Entstehen einer sinnlichen Vorstellung gleichzusetzen. Denn die Vorstellung als „Reproduktion von einem Teil der Synthesis in Beziehung auf diese Synthesis" ist nur ein „Mittelding" zwischen zwei Darstellungen: zum einen dem Bewußtsein eines Teils der Synthesis vor dem Bewußtsein der Synthesis selbst, zum anderen dem vollständigen Bewußtsein „aller Teile der Synthesis und folglich auch der Synthesis selbst" (2/349; die folgenden Gedanken leiten sich her aus 2/28ff uns 2/349ff).

Diesen beiden Darstellungen ist gemeinsam, daß sie a) sich wesensmäßig auf nichts außer sich selbst beziehen und b) bloße Ideen oder „Grenzbegriffe einer Synthesis" sind, da ja ohne jegliche Synthesis gar kein Bewußtsein möglich ist, das Bewußtsein der vollständigen Synthesis aber „das Unendliche in sich faßt" und einem endlichen Erkenntnisvermögen nicht zugänglich ist. D.h. das erste Auftauchen von etwas im Bewußtsein ist eine bloße Idee, zu der man nur durch das „unendliche Abnehmen" eines Bewußtseinsdinges in Annäherung gelangen kann. Es ist ein „unendlich Kleines", welches Maimon nun auch wieder differenziert: das *symbolisch* unendlich Kleine ist der Grenzzustand, dem sich ein abnehmendes Quantum annähert, mit dessen Erreichen es aber aufhört, es selbst zu sein: so der unendlich kleine Winkel, der dann kein Winkel mehr ist. Das *reelle* unendlich Kleine oder Differential ist dagegen jeder Zustand, in den diese Größe, sie selbst bleibend, geraten kann, so wie der Differentialquotient $dx:dy$ für jeden Zustand von x und y seinen Wert a beibehält. So muß postuliert werden, daß der Verstand aus den Realverhältnissen der Differentiale die Realverhältnisse ihrer Qualitäten, also die reellen Objekte, hervorbringt. *Wie* dies geschieht, bleibt „dunkel", d.h. für das Bewußtsein unerfahrbar, weil die Tätigkeit im Bereich dieser Grenzbegriffe oder „Ideen" nicht bewußt ist. Ist das Objekt Phänomen, so ist sein Differential Noumenon, d.h. Vernunftidee zur Erklärung der Entstehung der Objekte. Die Besonderheit des einzelnen Objekts ist also reduzibel auf die besondere Regel seines Entstehens oder die „Art seines Differentials"; das Denken ist als Stiftung von Einheit im Mannigfaltigen das immanente Angeben dieser Entstehungsregel.

2.1.5 Das Gegebene als Hervorgebrachtes

Die Kernbegriffe der Maimonschen Lehre – Satz der Bestimmbarkeit, Differential, Skeptizismus – lassen sich nun durch das Konzept der Gegebenheit miteinander verbinden und auf ihren Fluchtpunkt, den „unendlichen Verstand", ausrichten. Schon im frühen „Versuch über Transzendentalphilosophie" verfügt Maimon über seinen klaren Begriff des Gegebenen: „Das Gegebene kann also nichts anderes seyn, als dasjenige in der Vorstellung, dessen Ursache nicht nur, sondern auch dessen Entstehungsart (essentia realis) in uns, uns unbekannt ist, d.h. von dem wir bloß ein unvollständiges Bewußtseyn haben. Diese Unvollständigkeit des Bewußtseyns aber kann von einem bestimmten Bewußtseyn bis zum völligen *Nichts* durch eine abnehmende unendliche Reihe von Graden gedacht werden, folglich ist das bloß Gegebene (dasjenige, was ohne alles Bewußtseyn der Vorstellungskraft gegenwärtig ist) eine bloße Idee von der Gränze dieser Reihe, zu der (wie etwa zu einer irrationalen Wurzel) man sich immer nähern, die man aber nie erreichen kann" (2/415f; zwei ergänzende Begriffsbestimmungen: „Eine Erkenntnis ist ... gegeben, ... in so fern die Entstehungsart dieser Erkenntnis sich nicht nach allgemeinen Gesetzen des Erkenntnisvermögens aus demselben erklären läßt" [6/215], und: „... etwas in dessen Vorstellung wir uns keiner Spontaneität bewußt sind, d.h. ein (in Ansehung unseres Bewußtseins) bloßes Leiden aber keine Tätigkeit in uns" [2/203]).

Diese drei Bestimmungen erinnern an MAIMONS oben erläuterte Zurückweisung des Dinges an sich, wo er zeigte, daß dessen vermeintliche Funktionen negativ und ohne Rekurs auf ein „Etwas außer uns" bestimmbar sind. Es handelt sich hier um den gleichen Gedanken: die phänomenale Verfassung des Gegebenen erlaubt zunächst keine positive Bestimmung seines epistemologischen und ontologischen Status, vielmehr ist Gegebenheit primär ein defizitärer Erkenntnismodus, eben ein solcher, davon wir nur ein unvollständiges Bewußtsein besitzen.

MAIMONS entscheidende Operation ist nun tatsächlich das Hintergehen der Phänomenalität: er nimmt das „Faktum des Bewußtseins", daß wir uns in der Vorstellung vom Gegebenen „keiner Spontaneität bewußt" sind, nicht für bare Münze, verfällt also nicht der Frage, *was* denn das Gegebene *gebe,* wenn sich unser Erkenntnisvermögen dabei ganz rezeptiv verhalte; er nimmt vielmehr den entgegengesetzten Standpunkt ein und fragt, wie sich die – fraglose – phänomenale Verfassung „Gegebensein" immanent in Tätigkeiten des Bewußtseins auflösen läßt, d.h. er versucht, „Gegebensein" als Schein zu entlarven. Gegebenes wird sich vielmehr als Hervorgebrachtes erweisen, und das wie folgt:

Die vormals hingenommene Unvollständigkeit des Bewußtseins wird abgelöst durch eine gedachte unendliche abnehmende Reihe von Bewußtseinsgraden (s.o.), in der das vollständige Gegebene in das Stadium des „eben Entstehens oder Verschwindens" (KUNTZE 1912: 332) „differenziert" wird. Indem das Gegebene derart „gegen Null" geht, erscheint am Ende sein Differential, die Regel seines Entstehens, in reiner Form. Das Gegebene ist das Differential, das der eingeschränkte Verstand nur als „Integral" (Phänomen) erkennt. Hieraus läßt sich eine weitere Motivation für MAIMONS Skeptizismus ableiten: das Gegebene ist das nicht bewußt Hervorgebrachte. Nun enthält alle Erfahrung ein Moment des Gegebenen; also bleibt alle Erfahrungserkenntnis unvollständige Erkenntnis, indem sie nicht nach Differentialen auflöst und als unter dem Satz der Bestimmbarkeit stehend nur postuliert, aber nicht erwiesen werden kann (s. Nicolai Hartmann 1974: 21–23 und Ernst Cassirer 1974: 113). Wenn es sichere Erkenntnis gibt, dann muß diese unter dem Satz der Bestimmbarkeit stehen, indem dieser als *vor* dem Objekt und seiner logischen Form liegend den Grund (nicht die Ursache) dafür gibt, daß wir bestimmte Formen von gegebenen Objekten wirklich gebrauchen; diese Erkenntnis muß ferner apriorisch sein und nach Differentialen auflösen. Wie ist dies denkbar?

2.1.6 Der unendliche Intellekt

„Die Vernunft fordert, daß man das *Gegebene* in einem Objekt nicht als etwas seiner Natur nach Unveränderliches betrachten muß, sondern bloß als eine Folge der Einschränkung unseres Denkvermögens. Die Vernunft gebietet uns daher einen Fortschritt ins Unendliche, wodurch das Gedachte immer vermehrt, das Gegebene hingegen bis auf ein unendlich Kleines vermindert wird. Es ist hier die Frage nicht, wie weit wir hierin kommen können, sondern bloß aus welchem Gesichtspunkt wir das Objekt betrachten müssen, um darüber richtig urtheilen zu können? Dieser (Gesichtspunkt) ist aber nichts anderes als die Idee des allervollkommensten Denkvermögens, wozu wir uns immer nähern müssen bis ins Unendliche" (3/193). Damit zeigt sich der unendliche Intellekt Leibnizscher Prägung als Fluchtpunkt des Maimonschen Apriorismus. Im unendlichen Intellekt ist das Gegebene zugunsten des Gedachten vollständig aufgelöst; es gibt in ihm keine integralen Phänomene, sondern nur die Transparenz der Differentiale. Der Schein des sinnlich Gegebenen hat sich in pure Rationalität gewandelt. Vor Gott ist alle Erkenntnis analytisch (s. 2/178), Sinnlichkeit und Verstand sind ihm ein und dieselbe Kraft (2/183). Er denkt nicht diskursiv, sondern seine „Gedanken sind zugleich Darstellungen" (4/42). Der unendliche Verstand ist für Maimon „Idee", ist „einziger Gesichtspunkt", denn unser Verstand muß als „eben derselbe unendliche Verstand, nur auf eine eingeschränkte Art" (2/65) gedacht werden, um die phänomenale Verfassung der Gegebenheit hintergehbar zu machen. Die Ergebnisse der Auflösung des „Scheins des Gegebenen" seien nun noch einmal zusammengestellt:

- das „Geben" des Gegebenen geschieht nicht mittels einer Affektion durch ein Etwas außer uns; ein solches wird zwar aufgrund der Unvollständigkeit unserer Vorstellungen fingiert, tatsächlich aber ist das Geben eine Leistung, die vermittels der Differentiale der Sinnlichkeit

bewußtseinsimmanent vollzogen wird. Das Bedürfnis, ein Objekt zu fingieren, entspringt dem Vorurteil, das Gegebene sei nicht weiter reduzibel. Aber:
- das Gegebene ist kein „Erstes im Bewußtsein", das nicht weiter zurückzuverfolgen wäre. Es läßt sich „differenzieren" in seine Denkgründe, idealerweise bis zu den reinen Differentialen.
- Gegebenheit ist nur phänomenal rezeptiv und aspontan; im Grunde ist das Gegebene ein Hervorgebrachtes (5/432), ein nach Differentialen Produziertes und im eingeschränkten Verstand integral Erscheinendes.
- das Gegebene ist nicht präkonzeptuell. Denn es ist Vorstellung. Das Vorstellen geht aber Denken nicht voraus, sondern umgekehrt (5/75): „Ehe ich z. B. eine Vorstellung vom Golde haben kann, muß ich erst das Gold, durch Verbindung seines Mannigfaltigen (seiner Merkmale) in einer Einheit des Bewußtseins, als Objekt, denken". D.h.: es muß erst die Wahrnehmung einzelner Merkmale zu einem Objekte verbunden gedacht worden sein, ehe eine Vorstellung – das Bewußtsein eines Merkmals *als* eines Merkmals dieses Objekts – möglich ist. Nun ist aber doch die Wahrnehmung präkonzeptuell *und* gegeben, wie man aus 4/227 herauslesen könnte („Wahrnehmung heißt bei mir eine bloße Vorstellung, insofern sie dem Erkenntnisvermögen ... gegeben ist"). Aber die bloße Wahrnehmung ist, da sie noch nicht auf das Objekt (als Produkt der Synthesis) bezogen ist, nicht auf das Subjekt zu beziehen: die Wahrnehmung wäre nämlich eine präsynthetische Darstellung, welche schon weiter oben als „bloße Idee" und „Gränzbegriff der Synthesis" ausgemacht wurde, da nach MAIMON ein Bewußtsein gänzlich ohne Synthesis nicht möglich ist. D.h.: nicht die Wahrnehmung, sondern die Vorstellung ist das eigentlich Gegebene; der Vorstellung aber muß die Synthesis, auf die sie sich als deren Teil bezieht, vorausgehen.
- das Gegebene löst sich vollends auf in der Idee des unendlichen Intellekts, in dem der Prozeß der unendlichen Vermehrung des Gedachten und kompensatorischen Abnahme des Gegebenen zum Ende gekommen und alle „unbewußte Produktion" transparent geworden ist. Trotz der Idee des unendlichen Verstandes bleibt MAIMON Skeptizist: *wenn* ein System apriorischer Erkenntnis konstruierbar ist, dann nur unter dem leitenden Gesichtspunkt eines „allervollkommensten Denkvermögens"; aber die Erfüllung der Vorbedingung ist noch keineswegs erwiesen.

Werfen wir noch einen abschließenden Blick auf MAIMONs Methode, scheinbar irreduzible „Gegebenheiten des Bewußtseins" zu hintergehen bzw. aufzulösen. Dieses Vorgehen ist von einem angedeuteten Hintergehen der philosophischen Sprache begleitet: so, wenn der Hinweis gegeben wird, daß philosophische Begriffe irreführende Bilder vermitteln können: „Die Ausdrücke: unsere Vorstellungen entstehen durch die Wirksamkeit der Gegenstände außer uns auf unser Gemüth; sie sind Abdrücke der außer uns befindlichen Originalien, u. dgl. sind *bildlich*. Wir müssen daher ihre wahre Bedeutung aufsuchen, und ihre Begriffe genau bestimmen. Die Vorstellungen sind nicht im eigentlichen Verstand Abdrücke der äußeren Gegenstände, so wie etwa das Siegel der Abdruck des Petschafts ist; dieses wäre ungereimt" (5/394f). Ein weiterer Hinweis geht auf den Umstand, daß ein und derselbe Begriff in verschiedenen Verwendungskontexten verschiedene Bedeutungen haben kann: „Giebt es einen Gott, so etwa wie es ein Haus, einen Baum giebt?" (7/425). Allerdings verweisen diese zunächst fast wittgensteinisch anmutenden Gedanken bei MAIMON immer auf die wohl auch von LEIBNIZ übernommene Aufgabe, eine „idealische Sprache" zu erreichen, deren Idee MAIMON einem mathematisch-logischen Exaktheitsideal entlehnt. Das Hintergehen der Sprache bleibt also dem Kontext des logischen Apriorismus verhaftet. In analoger Weise denkt MAIMON auch das Hintergehen der Common-Sense-Intuition der „Gegebenheit": es ist legitimiert durch die Annahme eines unvollständigen Bewußtseins, in dem die eigene Tätigkeit nicht transparent ist, bleibt aber immer bezogen auf den Fluchtpunkt der Vision eines unendlichen Verstandes, in dem das integral Gegebene ein differential Gedachtes wäre.

2.2 SELLARS: **Entmythologisierung des Gegebenen**

2.2.1 Aspekte des Gegebenen

WILFRID SELLARS (geb. 1913), einer der maßgebenden US-amerikanischen analytischen Philosophen, hat das „Gegebene" geradezu als Helden eines Mythos identifiziert, den er mit Hilfe eines Gegenmythos „töten" möchte (so sagt er am Ende von „Empiricism and the philosophy of mind"; zu diesem klassischen Aufsatz s.u.). Dabei richtet er sich im wesentlichen gegen diejenigen Varianten des Empirismus, die im *Gegebenen* als einer epistemologischen Kategorie das nichtinferentielle Fundament empirischen Wissens sahen. Aber im Grunde ist das „Gegebene", das SELLARS sich als Gegner aufbaut, ein recht komplexes philosophisches Vorurteil, das sich zumindest aus den folgenden Intuitionen zusammensetzt:

- das Gegebene hat den phänomenalen Charakter der Unmittelbarkeit, Gegebensein ist unmittelbares Gewahrhaben (awareness);
- es ist ein nichtinferentielles Wissen um phänomenale Qualitäten;
- das Vorkommen von Gegebenem in einem Bewußtsein setzt keinen Lernprozeß voraus;
- die betreffende Person hat einen privilegierten und direkten Zugang zu dem ihr Gegebenen;

- das Entstehen des Gegebenen könnte man so illustrieren: die kategoriale Struktur der Welt prägt sich dem Bewußtsein auf wie das Muster des Siegels dem Wachs;
- „the idea that ... the noninferential knowledge of facts belonging to this structure constitutes the ultimate court of appeals for all factual claims about the world" (SELLARS 1963: 164);
- „the idea that observation ‚strictly and properly so-called' is constituted by certain self-authenticating nonverbal episodes, the authority of which is transmitted to verbal and quasi-verbal performances ..." (SELLARS 1963: 169).

Einige weitere Intuitionen spielen im „myth of the given" mit, etwa die der „Unkorrigierbarkeit" des Gegebenen, die denjenigen, dem etwas „gegeben" ist, als die letzte epistemologische Instanz bezüglich des gegebenen Inhalts identifiziert. Solche Eigenschaften können aber ebensogut allgemein als „Merkmale des Mentalen" aufgebaut werden, so daß der „myth of the given" gelegentlich in einen „myth of the mental" umzuschlagen droht. Ich möchte im folgenden einige Argumentationsschritte des grundlegenden und etwas verschlungenen Aufsatzes „Empiricism and the philosophy of mind" rekonstruieren, in dem SELLARS den Mythos des Gegebenen zu entzaubern sucht (ich lehne mich streckenweise an KURTHEN 1988: 74–85 an; dort wurde SELLARS' Beitrag zum Leib-Seele-Problem diskutiert).

2.2.2 Zwei Mythen

Der Einstieg sei in Abschnitt 3 von SELLARS (1963) (im folgenden: EPM) genommen, wo diskutiert wird, ob (der Begriff von) „ist rot" (das Gegebensein von) „sieht rot aus" voraussetzt. SELLARS merkt zunächst an, daß die Dinge gewissermaßen in dem gleichen Sinne rot aussehen, in dem sie rot *sind*, d.h. es gibt nicht die unauflösliche Eigenschaft „sieht rot aus", sondern allenfalls ein „sieht aus". Dies macht die Idee fragwürdig, „sieht rot aus" beziehe sich auf eine Relation zwischen „rot", einem roten Ding und einer Person – oder nur zwischen einem roten Ding und einer Person. Nun scheint es, als könne die Aussage „x *is* red = x would *look* red to standard observers in standard conditions" (EPM 142) eine Definition des Rotseins unter Rückgriff auf das Rotaussehen gewähren. Dieser Eindruck läßt sich zweifach unterlaufen:

a) „sieht aus" ist überhaupt keine Relation;
b) „x is red" kann äquivalent sein zu „x would look red to standard observers in standard conditions", ohne daß dies eine Definition von „ist rot" über „sieht rot aus" wäre.

Dazu folgende Anmerkungen: die Erfahrung des Rotaussehens ist wie die des „Sehens, daß etwas rot ist", allerdings ist letzteres nicht *nur* eine

Erfahrung: „sieht rot aus" schreibt einer Erfahrung lediglich einen propositionalen Anspruch zu, während das „Sehen, daß ..." diesen Anspruch zuschreibt *und bestätigt.* D.h. der Bericht „sieht rot aus" ist auch das Zurückhalten einer Bestätigung, impliziert also, daß die Frage: Bestätigung oder nicht? sich bereits gestellt hat. Man könnte also die Erfahrung „sieht rot aus" als eine solche kennzeichnen, die als „Sehen, daß rot" charakterisierbar wäre, wenn ihr propositionaler Anspruch bestätigt werden könnte. Geht also die Bestätigung (oder Nicht-Bestätigung) des „Sehens, daß" dem Aussehen voraus? Auch unsere obige Gleichung kann einen anderen Sinn gewinnen: „x is red = x would look red to standard observers in standard conditions" ist möglicherweise nicht deswegen wahr, weil die rechte Seite das „x is red" *definiert,* sondern weil „Standardbedingungen" heißt: Bedingungen, unter denen die Dinge aussehen, wie sie *sind.*

Dann müßte man den Streit um die logische Priorität zwischen „sieht rot aus" und „ist rot" so schlichten: zunächst müßte gewußt werden, unter welche Bedingungen ein Objekt zu bringen wäre, dessen Farbe dadurch vergewissert werden soll, daß man es *anschaut.* Dann müßte man die Fähigkeit besitzen, die Farbe eines Objekts zu nennen aufgrund dieses Anschauens. Erst damit hätte man eine Art Begriff von Rotsein, der wiederum erst die Fähigkeit ermöglicht, zu erkennen, daß etwas rot aussieht. Dabei kann noch eine weitere Ahnung aufdämmern: wenn der Begriff von Rotsein – der dem von Rotaussehen vorausgeht – das *Wissen um* die Umstände und Bedingungen voraussetzt, unter denen man sich der Farbe eines Objekts vergewissern kann, dann kann man einen Begriff von Rotsein nur haben, wenn man eine ganze Reihe von anderen Begriffen auch schon hat, oder: „there is an important sense in which one has *no* concept pertaining to the observable properties of physical objects in space and time unless one has them all" (EPM 148). Man sieht, daß die bisherigen Erläuterungen ganz ohne die Konstruktion einer Relation auskommen und daß die obige Gleichung auch im Sinn der logischen Priorität von „ist rot" verstanden werden kann – also der des Begriffs gegenüber einer gegebenen Erfahrung. So kündigt sich die SELLARSsche Position an, die er selbst als „psychologischen Nominalismus" bezeichnet, demzufolge „all awareness of sorts, resemblances, facts, etc., in short, all awareness of abstract entities – indeed, all awareness even of particulars – is a linguistic affair" (EPM 160).

Das heißt: es gibt kein vorsprachliches Gewahrhaben, nicht einmal von den „unmittelbaren Erfahrungen", den puren Sinneseindrücken (etwa von rot). Auch beim kindlichen Spracherwerb gibt es keine vorgängigen inneren Episoden des Gewahrhabens von Röte, die für das Erlernen des Gebrauchs von „rot" gegeben sein müßten.

Bevor nun SELLARS diesen psychologischen Nominalismus mit Hilfe seines Konkurrenzmythos plausibel macht, kommt noch einmal der Mythos des

Gegebenen mit seiner Intuition vom „Fundament empirischen Wissens" zu Wort. Diese Intuition besagt, es gebe ein nichtinferentielles Wissen, nonverbale selbstbeglaubigende innere Episoden, die eine nicht hintergehbare epistemische Autorität besitzen und kein anderes Wissen jedweder Art voraussetzen, aber ihre Autorität auf die verbalen oder quasi-verbalen Äußerungen übertragen können, die sie „ausdrücken". Aber – wie schon gesehen – ein Report, der ein Wissen ausdrücken soll, muß auch in dem Sinne Autorität haben, daß die betreffende Person sie erkennt (und anerkennt). Es genügt nicht, daß „this is red" zuverlässig mit der Anwesenheit eines roten Objekts koinzidiert, die Betreffende muß auch wissen, *daß* dieser Satz jene Koinzidenz zuverlässig anzeigt. Wiederum setzt ein Beobachtungswissen um *eine* Tatsache ein Wissen um viele andere Tatsachen voraus. Die Crux bei der Fundament-Intuition liegt darin, daß sie stillschweigend voraussetzt, es sei eine *empirische* Beschreibung einer Episode zu sagen, sie habe den Status des Wissens, während dies jedoch mitnichten der Fall ist: „The essential point is that in characterizing an episode or a state as that of knowing, we are not giving an empirical description of that episode or state; we are placing it in the logical space of reasons, of justifying and being able to justify what one says" (EPM 169). Dabei ist noch folgendes zu beachten: Sellars leugnet nicht, daß es nonverbale innere Episoden als „Beobachtungen" gibt (obwohl dies fraglich ist). Er will nur zeigen, daß, wenn sie nonverbal sind, dies nicht die Idee der epistemischen „Gegebenheit" stützen kann.

In Abschnitt 10 von EPM stellt Sellars sich seine Aufgabe: wenn es stimmt, daß es selbst für so simple Inhalte wie Farben kein unmittelbares nichtinferentielles Wissen gibt, sondern alles Gewahrhaben einen „long process of publicly reinforced responses to public objects in public situations" voraussetzt (EPM 176), dann entsteht doch die Frage: wie kann eine innere Episode zugleich *privat* sein (in dem Sinne, daß der Betreffende einen privilegierten epistemischen Zugang zu seinen Episoden hat) und *intersubjektiv* (in dem Sinne, daß jeder im Prinzip von den Episoden des anderen wissen kann)? Diese Frage stellt sich sowohl für Gedanken („thoughts" oder „conceptual states": innere verbale Episoden, die durch Verbalverhalten „ausgedrückt" werden, aber auch ohne dieses vorkommen können) als auch für die „unmittelbaren Erfahrungen" oder „Sinneseindrücke" (Empfindungen als nonverbale Episoden). Für die Gedanken hält der Mythos des Gegebenen vor allem die Intuition des privilegierten Zugangs bereit, für Empfindungen die des unmittelbaren, nichtinferentiellen Gewahrhabens.

Sellars erzählt nun den Mythos von „Jones". Der Mythos spielt in einer „prähistorischen" menschlichen Gesellschaft, die eine „Rylesche Sprache" spricht, deren beschreibendes Vokabular sich nur auf öffentliche Eigenschaften öffentlicher Objekte bezieht. Wie müßte diese

Sprache angereichert werden, damit die Prä-Ryleaner sich als *denkende* und *empfindende* Wesen erkennen? Zunächst müßte man die Möglichkeit eines basalen semantischen Diskurses einführen, so daß einzelnen Aussagen bestimmte „Bedeutungen" und Wahrheitswerte zugeschrieben werden können. Die Prä-Ryleaner könnten dann schildern, daß sie mit ihren Äußerungen Bestimmtes meinten, erreichen wollten etc.; sie könnten in gewissem Sinne über „Intentionales" sprechen. Sie würden dies aber tun, *indem* sie über verbale Äußerungen sprächen. Warum also sprechen sie nicht über Gedanken (man könnte auch fragen: Warum sollen sie denn über Gedanken sprechen? Aber Sellars möchte ja gerade die Entwicklung des Sprechens über Gedanken „mythisch" rekonstruieren). Für das weitere Vorgehen ist eine zweite Anreicherung der Prä-Ryleaner-Sprache notwendig: ein theoretischer Diskurs muß hinzukommen, der es erlaubt, theoretische Entitäten in die als „folk theory" begriffene Alltags-Rylesche Sprache einzuführen; Entitäten, die zu den vortheoretischen Entitäten der Sprache in bestimmten Korrelationen stehen (analog etwa der Korrelation der theoretischen Entität „Moleküle, die unter den und den Wechselwirkungen stehen" zur vortheoretischen Entität „Gas, das sich so und so verhält" in einer kinetischen Theorie der Gase). Theorien benutzen üblicherweise *Modelle,* d.h. es wird versucht, die theoretischen Entitäten mit Hilfe einer Analogie zum Verhalten gewisser vertrauter Objekte zu erklären. Ferner ist dieses Procedere eher eine verfeinerte Fortsetzung von Common-Sense-Strategien als die Anwendung einer ganz neuen, eben der „wissenschaftlichen" Methode. Dies gilt es zu bedenken, wenn Jones, der Held des Konkurrenzmythos, unter seine Zeitgenossen tritt.

Jones ist der Vorläufer eines aufgeklärten Behaviorismus, der weder Introspektion als völlig obsolet ablehnt noch dafür hält, daß der mentalistische Diskurs vollständig in Aussagen über offenes Verhalten auflösbar ist, sondern der erstens davon ausgeht, daß wir in Form von Common-Sense-mentalistischen Begriffen introspizieren, zweitens vorschlägt, den mentalistischen Diskurs nur zu heuristischen Zwecken zu verwenden und drittens zuläßt, daß einige behavioristische Begriffe nicht im Rückgriff auf offenes Verhalten, sondern als „theoretische Begriffe" eingeführt werden. Jones entwickelt nun eine Theorie, die erklären soll, warum seine Mitmenschen (und er selbst) sich z.B. auch dann intelligent verhalten, wenn nicht gleichzeitig auch offene Sprachepisoden produziert werden. Jones bietet drei Thesen an:

a) offene Sprachepisoden sind der Gipfel- oder Endpunkt eines Prozesses, der mit inneren Episoden beginnt.
b) das Modell für diese inneren Episoden ist das offene Sprachverhalten selbst. Also:
c) offenes Sprachverhalten ist der Endpunkt eines Prozesses, der mit innerer Rede beginnt.

Diese These erlaubt es, die semantischen Kategorien, die die prä-Rylesche Sprache für offene Sprachepisoden bereithält, auf die postulierten inneren Episoden zu übertragen. Ferner wird die Theorie einen Kommentar zum Modell enthalten, der die Überdehnung der Analogie verhindern soll, z. B. die Idee, bei der inneren Rede „rede auch jemand" (der Geist, die Seele?). Nun möge Jones die inneren Episoden „Gedanken" nennen. Diese wären dann als theoretische Gegenstände eingeführt und versöhnten die Intuition, Sprachäußerungen seien „Ausdruck" innerer Episoden, mit der Vorstellung, daß Semantizität primär den offenen Episoden zuzuschreiben ist. Denn die Rylesche Sprache war ja schon semantisch charakterisiert und kann insofern nicht in ihrer „Bedeutung" von einer „Intentionalität" des Bewußtseins, des Denkens abhängen. Das nächste Ereignis im Mythos wäre dann dies, daß Jones seinen Zeitgenossen beibringt, die Sprache der Theorie zur gegenseitigen Verhaltensinterpretation und, darauf aufbauend, auch zur Selbstbeschreibung zu verwenden. Denn die Prä-Ryleaner könnten auch sich selbst jeweils auf der Grundlage von Verhaltensaufweisen „Gedanken" zuschreiben. Nach einigem Training kann es dann faktisch überflüssig werden, die in der Theoriesprache gefaßten Selbstbeschreibungen „offen" zu überprüfen, da sie nun hinreichend zuverlässig sind. Am Ende könnte dann dem Selbstbeschreiber ein „privilegierter Zugang" zu seinen eigenen „Gedanken" zugestanden werden.

Dies wäre bereits eine genetische Erklärung der kombinierten Privatheit und Intersubjektivität von inneren, mentalen Episoden. Denn für die Geschichte von Jones gilt: „For if it recognizes that these concepts have a reporting use in which one is not drawing inferences from behavioral evidence, it nevertheless insists that the fact that overt behavior is evidence for these episodes is built into the very logic of these concepts, just as the fact that the observable behavior of gases is evidence for molecular episodes is built into the very logic of molecule talk" (EPM 189).

Bliebe für Jones noch die Aufgabe, seine Theorie um die Entitäten zu bereichern, die später als „unmittelbare Erfahrungen" und „Sinneseindrücke" kursieren. Jones postuliert also eine Klasse innerer Episoden, die das Ergebnis einer Einwirkung physischer Objekte und Prozesse auf den menschlichen Körper sind. Diese Entitäten werden als Zustände des wahrnehmenden Subjekts eingeführt, nicht wiederum als Einzeldinge. Das Theorie-Modell für die Sinneseindrücke ist der äußere Gegenstand selbst, von dem „im" Wahrnehmenden gewissermaßen eine innere Nachbildung vorkommt. Es ist wichtig, daß die Sinneseindrücke nicht als ein Gewahren von Nachbildungen eingeführt werden, sondern als ihr bloßes Vorkommen, denn ein „Sehen, daß x" wäre schon wieder ein Gedanke (mit dem Modell: „Berichten von einem Sehen, daß x")! Hier taucht eine Frage auf, die der Mythos von Jones nicht endgültig beantworten kann. Wie steht es mit der intrinsischen Charakterisierbarkeit von Eindrücken, mit ihren qualitativen Gestaltungen, die mit der kausalanalytischen Erklärung nicht erfaßt werden? Hierzu ist Jones' Theorie noch nicht ausgefeilt genug, da sie im Grunde nur über die Analogiebeziehung zwischen Modell und theoretischer Entität verfügt.

Jones lehrt nun seine Zeitgenossen auch die Theoriesprache der „impressions" mit den gleichen Konsequenzen wie im Falle der „thoughts". Auch für die Sinneseindrücke ist damit die Vereinbarkeit von Intersubjektivität (aber nicht: Auflösbarkeit in offenes Verhalten!) und Privatheit plausibel gemacht. Und es gilt zu behalten, daß die Prä-Ryleaner zwar eine neue Sprache gelernt und in gewissem Sinne die „impressions" entdeckt haben, daß aber die Theoriesprache der impressions so wenig entwickelt wurde, um ein vorgängiges Gewahren von Sinneseindrücken „zur Sprache zu bringen", wie die Theoriesprache der Moleküle entwickelt wurde, um ein vorgängiges Gewahren von Molekülen zur Sprache zu bringen (EPM 195). Denn die Bezauberung durch den myth of the given verdankt sich der merkwürdigen Neigung des Philosophen, die kreative Anreicherung eines Diskurses wie des prä-Ryleschen mit einer Analyse des empirischen Wissens, „so wie es ist", zu verwechseln. „He construes as data the particulars and arrays of particulars which he has come to be able to observe, and believes them to be antecedent objects of knowledge which have somehow been in the framework from the beginning. It is in the very act of taking that he speaks of the given."

Soweit EPM – ein Aufsatz, der für SELLARS Denken wie auch für die philosophischen „Anteile" der Kognitionswissenschaft Richtlinien gab. Was geschieht nun mit dem entmythologisierten „Gegebenen"?

2.2.3 Das wissenschaftliche Weltbild

SELLARS denkt die Entitäten des „manifesten Weltbildes" (der „folk theory" gewissermaßen) in einem anzustrebenden „wissenschaftlichen Weltbild" relokalisiert. Dabei gelingt es ihm, trotz eines gewissen Wissenschaftsfetischismus die in der analytischen Philosophie verbreitete Drohgebärde zu vermeiden, die sich so verbalisiert: „Wartet nur, bis die empirischen Wissenschaften erst weiter fortgeschritten sind, dann wird dem ganzen mentalistischen Diskurs und einigen anderen philosophischen Antiquitäten der Garaus gemacht!" Wir können nochmals ausgehen von der von SELLARS in EPM gezeigten Auffassung, der wissenschaftliche Diskurs sei eine Fortsetzung des „normalen" Common-Sense-Diskurses, so daß das wissenschaftliche Weltbild das manifeste Weltbild ablöst und ersetzt – ein Vorgang, bei dem die Entitäten des manifesten nicht „abgeschafft" werden (s.u.). Es gibt – so SELLARS – die grundsätzliche Ersetzbarkeit eines Weltbildes bzw. theoretischen Gefüges („theoretical framework") durch ein anderes (s. SELLARS 1971: 395), und der schrittweise Übergang zum „Scientific Image" vollzieht sich auf dem Weg zu einer einheitlichen Erklärung der Welt. Oder, wie Koch (1983) ausführt (s. auch Sellars 1979): für Sellars ist eine Sprache jeweils ein „komplettes Weltsystem", die Probleme der Bedeutung und Referenz erscheinen demnach eher als sozio-linguistische Probleme. Die „Bedeutung" ist keine Relation, sondern eine sprachliche Rolle oder Funktion, die Bedeutung eines Ausdrucks ist gewissermaßen sein Ort in der betreffenden Sprache bzw. in der Welt, die diese „festlegt". In Anlehnung an die Kritik am Mythos des Gegebenen könnte man also sagen, es sei „der kategoriale Status eines Wirklichen nichts Gegebenes, sondern sein begrifflicher Platz in einem Weltbild; er kann von Weltbild zu (Nachfolge-)Weltbild variieren" (Koch 1983: 72). D.h. die vollständige und erschöpfende Beschreibung der Welt ist ihre Festlegung durch die endgültige Sprache (das Scientific Image).

In den „Carus Lectures" (publ. 1981) untersucht Sellars den möglichen „Verbleib" des (manifest) Gegebenen in einem wissenschaftlichen Weltbild, und zwar paradigmatisch am Beispiel von Farbwahrnehmungen bzw. Wahrnehmungsprädikaten. Denn die, sagen wir, *Rot*wahrnehmung, die beim Blick auf ein gewöhnliches rotes Objekt in Raum und Zeit (etwa eine Tomate) begegnet, ist sowohl „unmittelbar" und homogen als auch eine wesentlich *qualitative* Gestaltung – alles Eigenschaften, die einer Integration mentaler (hier: sensorischer) Phänomene in ein wissenschaftliches Weltbild entgegenstehen. Den Ausgangspunkt eines Weges von der „folk theory" zur „endgültigen wissenschaftlichen Theorie" kann aber nicht die (Rot-)Wahrnehmung selbst bilden, sondern die Röte des unproblematischen Gegenstands in Raum und Zeit (der Tomate). In einer subtilen und verwickelten Argumentation, der hier nicht im einzelnen nachzugehen ist (s. Kurthen 1988 und 1989), zeigt Sellars, daß das „ur-concept" von Rot als einer Eigenschaft von Körpern zunächst im Rahmen einer „Cartesianischen Rekategorisierung" als Zustand der wahrnehmenden Person relokalisiert wird (dies entspricht etwa der Theorie von Jones). Schon an anderen Stellen (etwa Sellars 1965) war dafür gestritten worden, daß der „logische Raum" des Sensorischen (die „Homogenität" von Wahrnehmungen etc.) beim Übergang zum wissenschaftlichen Weltbild nicht verschwindet, sondern in dem neuen Begriffsgefüge „unreduziert" wieder auftaucht. Nun bestehen aber die Personen – die „Subjekte" einer Cartesianischen Rekategorisierung – im *wissenschaftlichen* Weltbild letzten Endes wieder aus materiellen *Teilen,* aus Molekülen, Atomen etc. Somit gilt es, die *Einheit* der wahrnehmenden Person – der auch „einheitliche" qualitative Gestaltungen als „Gegebenes" zugeschrieben werden können – noch einmal mit der wissenschaftlichen physischen Komplexität derselben Person zu versöhnen. Dies ist im Grunde nichts anderes als das Leib-Seele-Problem (für das Sensorische), und Sellars überprüft dann auch prominente Theorien des Leib-Seele-Zusammenhangs (s. KURTHEN 1989) als mögliche Kandidaten für eine angemessene Rekategorisierungsleistung: den Reduktiven Materialismus, den Dualismus, den Epiphänomenalismus usw. Für den hier relevanten Zusammenhang ist weniger bedeutend, warum all diese Kandidaten letztlich als untauglich anzusehen sind (s. KURTHEN 1989). Interessanter ist SELLARS eigener Favorit: die „absoluten Prozesse". Dies meint in aller Kürze (ich übernehme einen Teil der Darstellung von KURTHEN 1988: 84):

SELLARS stellt sich eine monistische Ontologie von Prozessen vor, die nicht mehr objektgebunden wären (in dem Sinne, daß sie logische Konstruktionen von Veränderungen der *Dinge* darstellten), sondern *absolut* in dem Sinne, daß in ihren Ablauf kein Objekt (oder Subjekt) mehr involviert wäre (so wie normalsprachliche Subjektsätze wie „Sokrates läuft" auf objektgebundene Prozesse verweisen, so die subjektlosen Normalsprachensätze wie „Es donnert" auf absolute Prozesse; der manifeste Bericht „Ein rotes Dreieck!" könnte dann etwa lauten: „Es rötet dreieckig"). Die Entitäten des heutigen wissenschaftlichen Weltbildes (etwa Quarks) wären ihrerseits komplexe Muster von bzw. Konstruktionen aus absoluten Prozessen. Auf das Leib-Seele-Problem und das Problem der Relokalisation von manifest Gegebenem angewandt, hätte man die sensorischen items in sensorisch-absolute Prozesse zu transformieren, die neuronalen in physisch-absolute Prozesse. Beide wären als „Mitglieder" der einzigen basalen ontologischen Kategorie untereinander kausal wirksam und würden z. B. „Personen" als „Bündel von sensorisch- und physisch-absoluten Prozessen" konstituieren: während die heutige Neurophysiologie ihre Objekte (z. B. Neuronen) als aus Molekülen, Atomen etc. bestehend konzipiert, könnte eine monistische Nachfolgetheorie solche Objekte als aus physisch- *und* sensorisch-absoluten Prozessen „zusammengesetzt" verstehen (z. B. Nervenzellen im sensorischen Kortex). In der wissenschaftlichen Letztkategorisierung wären dann die Sinneseindrücke in dem schwachen Sinne *physisch,* den SELLARS als „physical$_1$" bezeichnet „as belonging to a spatio-temporal nomological framework of scientific explanation" (SELLARS 1965: 447).

Das manifest Gegebene würde in diesem „framework" dann wohl als sensorisch-absolute Prozesse relokalisiert. Damit würde den Erfordernissen des wissenschaftlichen Weltbildes Genüge getan, während gleichzeitig vom „Gegebenen" nichts „verlorenginge" (die gängigen Materialismen haben dagegen, wie SELLARS meint, gewaltige Probleme mit der angemessenen Rekategorisierung der manifesten Objekte; zu diesem für die Akzeptierbarkeit der SELLARSschen Position entscheidenden Punkt s. auch KURTHEN 1989). Als Wissenschaftlicher Realist nimmt SELLARS weiter an, daß seine eigenen Rekategorisierungsvorschläge als „Platzhalter für zukünftige Errungenschaften der neurophysiologischen Theorie" (SELLARS 1980: 15) fungieren. Aber erst der weitere Gang der (Neuro-)Wissenschaft wird zeigen, ob diese Hoffnung berechtigt ist. Bis auf weiteres lautet die Antwort auf die naheliegende Frage: *„was sind* absolute Prozesse?", daß dies „... is a matter of ultimate scientific truth" (SELLARS 1981: 85).

2.3 Mythos und Schein, Sprachgemeinschaft und einsames Subjekt

Für MAIMON und SELLARS ist nicht fraglich, daß „es Gegebenes gibt". Das Problem ist nur sein epistemologischer Status, seine Funktion und Rolle in einer „Theorie der Welt". Für MAIMON ist die Gegebenheit ein Schein, sie beruht auf einer „psychologischen Täuschung", die letzten Endes durch die Endlichkeit unseres Verstandes verschuldet ist. Schein und „Mythos" des Gegebenen verweisen auf verschiedene philosophische Grundstellungen:

- der *Schein* entsteht einem gemeinen endlichen Bewußtsein; endgültig als Schein entlarvt wird er erst vor dem unendlichen Verstand (Gott).
- der *Mythos* entsteht einer normalen Sprachgemeinschaft; endgültig als Mythos entlarvt wird er erst im „vereinheitlichten theoretischen Gefüge" des wissenschaftlichen Weltbildes.

Für eine Philosophie, die zwischen KANT und FICHTE anzusiedeln ist, muß das Gegebene als in einem Subjekt, einem endlichen individuellen Bewußtsein entstehend gedacht und in Hinsicht auf die Frage „Wie kommt das Ich zum Gegenstand?" bzw. deren transzendentaler Beantwortung durch KANT problematisiert werden. Die Frage, wie man diese Diagnose im Rahmen einer „Philosophie der Geschichte der Philosophie" zu deuten hat, kann wiederum verschiedene Antworten finden. So könnte man im Sinne des metaphilosophischen Versuchs von RICHARD RORTY (1981), der zwar nicht MAIMON und SELLARS, aber doch KANT und SELLARS einspannt, das „Projekt einer Erkenntnistheorie", das von DESCARTES und LOCKE vorbereitet und von KANT perfektioniert und immunisiert wurde, durch das Bedürfnis motiviert sehen, im Rahmen der Ablösung des religiösen Weltbildes durch ein naturwissenschaftlich-profanes dem *Wissen* einen fundamentalen, zeitlosen Begriffsrahmen zu geben. Dieser Rahmen sei am besten mit Hilfe von privilegierten Entitäten im Felde des Bewußtseins zu konstruieren gewesen, den „Repräsentationen". Die Idee solcher Entitäten beruhe auf einer un„reflektierten" visuellen bzw. Spiegel-Metaphorik bezüglich des Wissenserwerbs; KANT habe dann mit der transzendentalen Wende die Erkenntnistheorie zum Tribunal des Wissens gemacht, indem er die Natur als durch das Erkenntnissubjekt „konstituiert" erklärt habe.

2.3 Mythos und Schein, Sprachgemeinschaft und einsames Subjekt

In einer solchen Interpretation erscheint SELLARS als ein Anti-Metaphoriker, der die störende Intuition der Privilegiertheit innerer Repräsentationen abgestreift hat und „Wissen" über primär intersubjektive Mechanismen wie soziale Rechtfertigungskontexte begreift.

Wie auch immer es um die Stringenz der RORTYschen Argumentation bestellt ist, der philosophische Grund SELLARS wird jedenfalls ein wenig erhellt: als Post-Wittgensteinianer und QUINE-Rivale wird man das „Gegebene" mit Hilfe des Gedankens einer primär öffentlichen Wissenskonstitution und einer pragmatischen Version der Rechtfertigung zu destruieren bzw. rekonstruieren suchen; so ist das Gegebene dann auch ein *Mythos,* eine „große Erzählung", der Sprachgemeinschaft zuzuschreiben und nicht dem einsamen Subjekt, das, epistemologische Schleifen entlangfahrend, auf einen *Schein* hereinfällt. So ist auch das von SELLARS anvisierte wissenschaftliche Weltbild ein „framework", welches das jetzt vorherrschende manifeste Weltbild grundsätzlich zu *ersetzen* vermag. Das spekulative Element dieser Weltbild-Vision liegt im übrigen nicht nur im Postulat der neutral-monistischen absoluten Prozesse, sondern ebensogut in der Vorstellung, das endgültige Weltbild werde ein „wissenschaftliches" sein; diese Vorstellung scheint mir von der Entwicklung der Position des psychologischen Nominalismus in EPM durchaus unabhängig zu sein.

Doch wie dem auch sei – in Analogie zum neutral-monistischen wissenschaftlichen Weltbild, in dem alle Entitäten mindestens „physical$_1$" sind und in dem die Genese des Mythos vom Gegebenen durchsichtig wird, ist der MAIMONsche „unendliche Intellekt" zu sehen, dem der Mensch sich „unendlich" annähern soll, in dem der Schein des Gegebenen aufgelöst und gleichsam die Welt, wie sie wirklich ist, enthalten ist, da ja die Gedanken dieses Intellekts nicht „diskursiv", sondern „zugleich Darstellungen" sein sollen. Allerdings ist der unendliche Intellekt ein der Erkenntnis (des endlichen Verstandes) nach Letztes, aber dem Wesen nach Erstes, während das Scientific Image ein der Erkenntnis nach Letztes und – nichts weiter ist; der Weg zurück ist versperrt. Als die „letzten Einheiten" der beiden Weltstrukturierungen kann man weiterhin *Differentiale* und *absolute Prozesse* parallelisieren: zum Differential gelangt MAIMON durch ein Hintergehen des integralen Gegebenen, die absoluten Prozesse tauchen für SELLARS hinter der phänomenalen Homogenität der Sinneseindrücke auf. Auch hier zeigt sich in der Parallelität die Entgegengesetztheit der metaphysischen Grundstellungen: MAIMON bleibt zwar „offiziell" Skeptiker, kann sich der Faszination durch die Idee eines „allervollkommensten Denkvermögens" aber nicht entziehen, so wie SELLARS darauf besteht, der Wissenschaft als „Maß aller Dinge" sei es zuzutrauen, zu den absoluten Prozessen vorzustoßen; welche der beiden Positionen stärker spekulativ ist, scheint mir keineswegs ausgemacht.

Gibt es auch bei SELLARS ein Entsprechendes zum MAIMONschen Immanenzstandpunkt und zum Verwerfen des Ding an sich „außer uns"? In gewissem Sinne schon: auf dem Weg zum wissenschaftlichen Weltbild wird der „unproblematische Gegenstand" zunächst als Zustand der wahrnehmenden Person rekategorisiert. Dadurch fällt er letztlich aber nicht etwa ins Bewußtsein hinein, sondern wird selbst zu einem Kompositum absoluter Prozesse. Bei SELLARS bleibt also das „Ding außer uns" eines manifesten Realismus auf der Strecke, und man darf vermuten, daß MAIMON hinter einem „real affizierenden" Ding an sich *das Bild dieses Dinges „außer uns"* durchscheinen sah (womit über das kantische „Ding an sich" noch nichts gesagt ist). Und weiter: MAIMON koppelt das „reelle Denken" ganz vom Gegebenen ab: die Erfahrungserkenntnis, die stets ein Moment des Gegebenen enthält, kann nicht als unter dem Satz der Bestimmbarkeit stehend erwiesen werden, d.h. das Gegebene ist kein Ausgangspunkt für die Konstruktion eines Systems der Erkenntnis. SELLARS wird nicht müde, den (Teil-)Mythos zu bekämpfen, das Gegebene sei das Fundament empirischen Wissens, epistemische Autorität leite sich von einem ursprünglichen nichtinferentiellen Gewahrhaben ab. Was sich hier zeigt, ist symptomatisch: beide Denker hintergehen die phänomenale Gegebenheit und verwerfen deren vermeintlichen Fundament-Charakter. Aber MAIMON wertet das Empirische (als Gegebenes enthaltend) ab, während SELLARS es vielmehr vor einer „misleading intuition" retten will: „For empirical knowledge ... is rational, not because it has a foundation, but because it is a self-correcting enterprise which can put any claim in jeopardy, but not all at once" (EPM 170). Beide zielen zwar inhaltlich in entgegengesetzte Richtungen, aber dies imponiert gar nicht mehr angesichts der frappierenden Analogie des Vorgehens. Im Gegenteil: der Inhalt beider „Letztkategorisierungen" erhält einen Anschein des Willkürlichen, Angestrengten: warum ausgerechnet ein wissenschaftliches Weltbild, warum ein unendlicher Intellekt?

Ich will hier keine „Denkweg-Universalien" suchen, sondern nur diesen irritierenden „Anschein des Gleichgültigen in bezug auf den Inhalt" untersuchen. Doch zuvor noch zu einem entscheidenden Aspekt des Gegebenen: seiner Präkonzeptualität. Dazu sei noch einmal auf EPM zurückgeschaut: SELLARS hatte das vorbegriffliche Gegebensein als nichtinferentielles Wissen verworfen; dies Vorgehen wirkte durch den Mythos von Jones ausreichend motiviert. Könnten „raw feels", Sinneseindrücke (von einer roten Tomate) gegeben sein, ohne daß dabei von einer Art „Wissen" die Rede wäre? Die Antwort: Nein, die Gegebenheit der roten Tomate ist ja schon eine „theoretische Größe", eine postulierte innere Episode nach dem Modell der roten Tomate selbst. Darauf: aber die Theoriesprache ist selbst Teil eines Mythos (von Jones), d.h. auch selbst ein Modell, das eines Kommentars bedarf. Reicht der Mythos von Jones so weit, daß man sinnvoll eine vorgängige Aneignung von Sprache

2.3 Mythos und Schein, Sprachgemeinschaft und einsames Subjekt

für die Gegebenheit der roten Tomate fordern kann? Sollte man nicht „allgemeiner" bleiben und eine vorgängige soziale Praxis fordern, die sprachlich sein *kann,* aber nicht *muß?* Ein vermeintlich unmittelbares Gewahrhaben könnte auch in eine gemeinschaftliche Praxis oder Art zu leben eingebettet werden, zu der zwar *Sprache gehört,* aber nicht direkt als Voraussetzung für Gewahrhaben *fungiert.* Voraussetzung dafür, daß eine solche teilweise sprachlose Praxis das Gewahrhaben gewähren könnte, wäre allerdings die Ersetzbarkeit von „roter Tomate" durch „dasjenige, was ich in dieser momentanen Sprache als ‚rote Tomate' bezeichne". Sellars Nähe zu Wittgenstein bedenkend, sollte man sich erinnern, daß es auch unreine Sprachspiele gibt; warum also nicht so *unreine,* daß die Sprache einmal ganz aus ihnen verschwindet? Maimons Zurückweisung der Präkonzeptualität ist von ihm nicht eigens expliziert worden, läßt sich aber – s.o. – aus seiner Auffassung ableiten, die Vorstellung käme *nach* dem Objekt der Synthesis, und die Wahrnehmung vor dem Objekt sei nicht gegeben. Für Maimon entsteht das Gegebene durch eine Leistung des „unvollständigen Bewußtseins" (oder eine unbewußte Produktion?), und man sieht, daß bei Sellars die soziale Praxis diese Rolle übernommen hat: die unbewußte Produktion ist äußerlich und kollektiv geworden.

Wie sind solche Parallelitäten zu bewerten, wenn die Philosopheme selbst fast inkompatibel erscheinen? Muß man die schale Erkenntnis wiederholen, es sei eben „alles schon einmal dagewesen"? Zuletzt schienen die inhaltlichen Bestimmungen der Denkwege Maimons und Sellars fast zu verblassen angesichts einer immer inhaltsärmeren „Gleichsinnigkeit", und über das Gefühl, es sei der *konkrete Gehalt* des Denkens beider immer weniger interessant geworden, schien sich die Idee einzuschmuggeln, wichtig sei am Ende nur das *Parallele, Analoge selbst* (die *Geste* der Dekonstruktion des Gegebenen). Man könnte spekulieren, ein solches Ergebnis verweise noch einmal auf einen ungewußten *Grund,* der Maimons und Sellars Denken strukturiert. Aber beider Denken ist auch selbst schon die Suche nach dem Grund (des Gegebenen), nur erscheint uns das jeweils Gefundene nun gerade als das „Unwichtige", Arbiträre. Es wird uns kaum besser ergehen, wenn wir auf die Suche nach einem weiteren „Grund" gehen. Aus dieser Befürchtung heraus möchte ich den Aufruf zu einer solchen Suche überhören, also nur dem Nicht-Grund Raum geben: dem einen Denken Raum in dem anderen, und umgekehrt. Dabei ergibt sich kein „neuer" philosophischer Aspekt, es wird kein Schritt über das Ende eines Denkweges hinaus möglich; es zeigen sich aber, wenn wir Glück haben, Salomon Maimon und Wilfrid Sellars.

Literatur

CASSIRER, E. (1974): Das Erkenntnisproblem in der Philosophie und Wissenschaft der neueren Zeit. 3. Band: die nachkantischen Systeme. Darmstadt; Wiss. Buchges.

FICHTE, J.G. (1794; 1979): Grundlage der gesamten Wissenschaftslehre. Hamburg; Meiner.

HARTMANN, N. (1974): Die Philosophie des Deutschen Idealismus. Berlin/New York; De Gruyter.

KANT, I. (1781; 1976): Kritik der reinen Vernunft. Hamburg; Meiner.

KOCH, A.F. (1983): Nominalismus und absolute Prozesse. Philosophische Rundschau 30: 58–76.

KUNTZE, F. (1912): Die Philosophie Salomon Maimons. Heidelberg; Winter.

KURTHEN, M. (1988): Ein heuristisches Prinzip für die Neurowissenschaften. In: D.B. LINKE, M. KURTHEN: Parallelität von Gehirn und Seele. Stuttgart; Enke: 53–99.

KURTHEN, M. (1989): Qualia, Sensa, und absolute Prozesse. W. Sellars Kritik des psychozerebralen Reduktionismus. Zeitschr. f. allg. Wissenschaftstheorie (im Druck).

MAIMON, S. (1965 ff): Gesammelte Werke, Band 1–8. Hildesheim; Olms.

RORTY, R. (1981): Der Spiegel der Natur. Eine Kritik der Philosophie. Frankfurt a.M.; Suhrkamp.

SELLARS, W. (1963): Science, Perception and Reality. [Darin, S. 127–196: EPM]. London; Routledge and Kegan Paul.

SELLARS, W. (1965): The Identity Approach to the Mind-Body-Problem. Review of Metaphysics 18: 430–451.

SELLARS, W. (1971): Science, Sense Impressions, and Sensa: A Reply to Cornman. Review of Metaphysics 24: 391–447.

SELLARS, W. (1979): Naturalism and Ontology. Reseda; Ridgeview.

SELLARS, W. (1980): Behaviorism, Language, and Meaning. Pacific Philosophical Quarterly 61: 3–25.

SELLARS, W. (1981): Foundations for a Metaphysics of Pure Process: The Carus Lectures of Wilfrid Sellars. The Monist 64: 3–90.

3 Die funktionale Einheit kognitiver Systeme:
Ausblick auf eine „Kognitive Neurowissenschaft"

3.1 Die funktionale Einheit des Gehirns

Die Dominanz des Funktionalismus in der Theorie der Kognition hat Ansätze, die sich vornehmlich am (menschlichen) Gehirn orientieren, lange als „chauvinistisch" – weil andersartige kognitive Systeme ausschließend – oder doch als unelegant – weil zu keiner allgemeinen, d.h. substratneutralen Kognitionstheorie führend – erscheinen lassen. In den letzten Jahren wurde dagegen immer wieder die Rückkehr zur „human cognition" gefordert, weil dies auch aus empirischer Sicht doch der naheliegendste Zugang sein dürfte (s. BLOCK 1986). Der Mensch ist immer noch – und vielleicht noch lange Zeit – *das* paradigmatische „kognitive System" und sollte schon daher ein wichtiger Gegenstand kognitionswissenschaftlicher Forschung sein. Eine „Kognitive Neurowissenschaft" hätte diejenigen zerebralen Prozesse und Mechanismen darzustellen, kraft derer dem Gesamtsystem – eben dem Menschen – intelligentes Handeln möglich ist. „Intelligent" wäre ein Handeln z. B. dann, wenn es den Zwecken und Zielsetzungen des Organismus sowie wechselnden Umweltanforderungen gemäß ist (s. NEWELL 1982). Mit dem „Handeln", welches ja immer eine Aktion des Gesamtorganismus ist, kommt ein Aspekt ins Spiel, der bislang vielleicht zu wenig thematisiert worden ist, nämlich der der *funktionalen Einheit des kognitiven Systems.* Für eine Kognitive Neurowissenschaft würde sich das Problem der funktionalen Einheit etwa folgendermaßen stellen: gibt es eine zerebrale funktionale Einheit – z. B. im Sinne einer bestimmten Koordinierungsweise zerebraler Tätigkeit – als Korrelat der funktionalen Einheit eines adäquaten Handelns (s.u.)? Eine solche zerebrale Einheit würde sich also als ein „angemessenes Kognizieren" manifestieren – oder als ein Vorkommnis einer intelligenten Handlung. Die Frage ist dann, ob die zerebrale funktionale Einheit als die Gesamtheit der momentanen neuronalen Einzelaktionen beschrieben werden muß, oder ob eine globalere – und insofern einfachere – Beschreibung möglich ist, die die „Makro-Organisation" des geordneten Zusammenspiels von Subsystemen erfaßt.

Dabei können sowohl morphologische wie funktionelle Subsysteme betrachtet werden. Bereits die erste und offensichtlichste „Teilung" des Gehirns – die in zwei Hemisphären – macht den Einheitsaspekt problematisch, und zwar nicht nur auf der Ebene des Bewußtseins, das sich in den Split-Brain-Experimenten in gewisser Hinsicht als „spaltbar" erwiesen hat, sondern auch auf der rein zerebralen Ebene. So ist durchaus ungeklärt, wie im einzelnen die beiden funktionell ungleichwertigen, aber doch meist an einer Aufgabe gemeinsam beteiligten Hirnhälften zu einer adäquaten Outputkoordination geführt werden. Gibt es eine einheitsstiftende Funktion *im Gehirn*? – Solche Fragen werden um so drängender, je weiter der Betrachter die morphologische Unterteilung des Gehirns treibt – und dadurch zwangsläufig *funktionelle* Gesichtspunkte stärker in den Vordergrund rückt. Auch auf der funktionellen Beschreibungsebene beginnen die Probleme bei den einfachsten Teilungen: wie werden sensorisches und motorisches System zu einer „Sensomotorik" harmonisiert? Begeben wir uns schließlich angesichts der offensichtlich massiven Parallelverarbeitung im Gehirn auf die Ebene einfacher funktioneller „units" – als welche womöglich einzelne Neuronen identifiziert werden –, so wird das Problem der funktionalen Einheit schier unlösbar, da die Unzahl der „units" ja auch noch selbst von heterogener Struktur und vielfältiger Verschaltungscharakteristik sein kann.

Im folgenden sollen einige grundsätzliche Probleme der funktionalen Einheit des Gehirns als eines kognitiven Systems diskutiert werden. Gelegentlich werden dabei drei Beschreibungsebenen unterschieden, auf denen Kognitive Neurowissenschaft jeweils betrieben werden kann:

a) die *klinisch-experimentelle* Ebene, auf der primär-empirische Studien zu Detailfragen der zerebralen Bedingungen von Kognition angesiedelt sind,
b) die *hirntheoretische* Ebene, auf der übergreifende Erklärungsmodelle und Analysen von Ergebnissen der Ebene a) diskutiert werden, und
c) die *philosophisch-wissenschaftstheoretische* Ebene, auf der die begrifflichen und methodologischen Grundfragen einer Kognitiven Theorie des Gehirns zu klären sind.

Wenn auf der Ebene a) z. B. elektrophysiologische Untersuchungen funktioneller Subsysteme vorgenommen werden (etwa: Ereigniskorrelierte Potentiale), dann könnte Ebene b) ein Modell der Entstehung solcher Potentiale enthalten, Ebene c) schließlich Vorstellungen darüber, in welchem Sinne ein ERP ein „Systemphänomen" der Gesamtheit der beteiligten Neuronen darstellt.

Im folgenden Abschnitt werden kurz einige Tendenzen der bisherigen empirischen Forschung dargestellt. Kapitel 3.3 bringt dann die Diskussion einiger Grundprobleme der „funktionalen Einheit", die sich nicht nur für das Gehirn stellen, sondern teils auch wieder für alle „kognitiven Systeme".

3.2 Die empirische Forschung

Der heutzutage sehr spezialisierten empirischen Hirnforschung fehlt naturgemäß der Durchgriff durch die oben zitierten Ebenen a) bis c). Die *klinische* Forschung ist schon aus ethischen Gründen vorwiegend mit Defektsyndromen großer zerebraler Subsysteme befaßt, etwa den Aphasien (s. KERTESZ 1985), die zudem weniger eine funktionale Modularität widerspiegeln als vielmehr die Charakteristik der zerebralen Gefäßversorgung. Weiteres klinisches Datenmaterial kann aus der diagnostischen Praxis gewonnen werden, die es ermöglicht, passagere artefizielle Defektsyndrome zu erzeugen (etwa bei der monohemisphärischen intracarotidealen Barbituratanästhesie [„Wada Test"], bei der eine ganze Hirnhemisphäre kurzzeitig ausfällt; dies ermöglicht eine recht genaue Analyse der Hemisphärizität kognitiver Leistungen; s. WADA und RASMUSSEN 1960 und BRYDEN 1982).

Die (in der Regel tier-)*experimentelle* Forschung kann zwar aufgrund der Möglichkeit weitaus invasiverer Techniken im Detail zu entsprechend präziseren Befunden gelangen, jedoch ist gerade hinsichtlich höherer kognitiver Funktionen ein Tiermodell zwangsläufig defizient. Zudem sind auch die wichtigsten Arbeiten meist aus Untersuchungen an aus „kognitivistischer Sicht" eher uninteressanten, weil „niederen" zerebralen Strukturen (etwa dem Riechhirn, s. SKARDA und FREEMAN 1987) hervorgegangen. Auch werden hier Analysen von kleineren Zellverbänden oder gar Einzelzellen bevorzugt, was einen methodisch direkten Zugriff auf kognitive Leistungen weitgehend ausschließt. Die Frage nach der funktionalen Einheit des Gehirns – die Frage also, wie das Gehirn eine koordinierte Gesamtleistung zur Lösung eines vorgegebenen Problems realisiert – kann in diesem Kontext nicht angegangen werden, weil der aktuelle Kenntnisstand dies schlicht noch nicht erlaubt.

Der Übergang auf die *hirntheoretische* Ebene bringt zwar vermehrt integrative Modelle ins Spiel, dies kann aber noch nicht ein wachsendes Verständnis der funktionalen Einheit garantieren. Klassische Hirntheorien neurologischer Herkunft sind häufig in hohem Maße von einer bestimmten Metapher beherrscht, der die Hirnfunktion lieber nur „zur besseren Anschaulichkeit" zugeordnet werden sollte (man denke beispielsweise an die Auffassung einer „holographischen" Organisation des Gehirns; s. z. B. PRIBRAM 1971). Solche integrativen Modelle liefern zwar Hypothesen bezüglich der prinzipiellen funktionalen Organisation des Gehirns, können aber – auch dies nicht zuletzt wegen des Fehlens empirischer Daten – nicht für die Erklärung des koordinierten Zusammenspiels der immer gleichen funktionalen Einheiten aufkommen. Dies zeigt sich vielleicht auch am relativ jungen Paradigma des „Konnektionismus" (z. B. FELDMAN und BALLARD 1982, RUMELHART und MCCLELLAND

1986), der kognitive Systeme als aus einer Vielzahl reich verbundener, sehr einfacher und massivparallel verarbeitender „units" bestehend begreift. Auch wenn man sich vorstellt, im Gehirn sei eine konnektionistische funktionale Architektur implementiert, ist damit für den Gesichtspunkt der funktionalen Einheit relativ wenig gewonnen, da gerade die hohe Konnektivität und die Vielzahl der units eine koordinierte „Gesamtanstrengung" des Systems im Ganzen eher noch rätselhafter erscheinen läßt.

Es scheint daher, daß zumindest vorläufig die begrifflichen Ressourcen für die adäquate Beschreibung der funktionalen Einheit des Gehirns „oben", nämlich auf der *philosophisch-wissenschaftstheoretischen* Ebene, zu suchen sind. Damit soll keineswegs eine Abkoppelung von der so hochgeschätzten empirischen Forschung propagiert werden. Hier geht es nur um eine pragmatische Heuristik. Philosophische Analysen, die etwa das Verhältnis eines Gesamtsystems zu seinen Subsystemen bzw. „Elementen" betreffen, können auch für zukünftige empirisch inspirierte Hirntheorien einen brauchbaren Orientierungsrahmen bereitstellen. So wie die Arbeiten auf den Ebenen a) und b) bislang kaum auf die Ebene c) durchgreifen können, so sind auch die bisherigen philosophischen Bemühungen von einem substantiellen Dialog mit den klinisch-experimentellen und hirntheoretischen Untersuchungen noch ein Stück weit entfernt, obwohl mittlerweile auch hervorragende „vermittelnde" Monographien (etwa: CHURCHLAND 1986) vorliegen, die nicht nur die gegenseitige Relevanz aufzeigen, sondern auch konkrete Berührungsflächen zwischen Philosophie und Hirnforschung sichtbar machen.

Auch vermeintlich „rein philosophische" Diskussionen lassen sich in Hinblick auf die Frage nach der Einheit zerebraler Subsysteme für die Hirnforschung fruchtbar machen, denn die schon vorliegenden Erörterungen der „philosophy of mind" zu Fragen der Emergenz und Reduktion, der Supervenienz und der funktionalistischen Interpretation des Mentalen (s.u.) bieten eine ideale Matrix für mereologische Erwägungen. Als großangelegter und pionierhafter Versuch, Philosophie und Neurowissenschaft zur Erklärung der funktionalen Einheit des Gehirns zusammenzubringen, verdient immer noch der POPPER/ECCLESsche Interaktionismus (1982) Beachtung – allerdings eher wegen der wichtigen Vorreiter-Funktion als wegen eines echten inhaltlichen Fortschritts. Denn die dort angebotene Lösung, ein „selbstbewußter Geist" müsse wohl die Aktivitätsmuster des Gehirns „lesen" und „integrieren", mutet angesichts der differenzierten Diskussionslage in der philosophy of mind naiv und anachronistisch an (s. CHURCHLAND 1986 und KURTHEN 1988). Es ist ein aktuelles Desiderat der Forschung, Modelle zur Erklärung einheitlicher Leistungen des Systemkonglomerats „Gehirn" zu liefern, welche ohne den problematischen (Substanzen)-Dualismus auskommen.

3.3 Kognitive Neurowissenschaft: Philosophische Vorklärungen zu einer Theorie der funktionalen Einheit

3.3.1 Die Rolle der Philosophie

Eine zeitgemäße Kognitive Neurowissenschaft muß sich in dem interdisziplinären Kontext bewegen, der derzeit das modische Label „Cognitive Science" trägt. Die Kognition ist ein derart komplexer Gegenstand, daß Einzeldisziplinen die Hoffnung auf eine „eigene" Kognitionstheorie aufgeben müssen. Es entsteht so die Frage, wie denn die Arbeit geteilt werden soll. Mit dieser Frage wird u.a. der alte Kompetenzstreit zwischen Philosophie und empirischen Wissenschaften virulent, denn es ist wohl unumstritten, daß die (speziell sprachanalytische) Philosophie ebenfalls einen wichtigen Beitrag zu einer Theorie der Kognition zu leisten hat. Welche Rolle spielt die Philosophie für die Kognitive Neurowissenschaft? Die traditionelle Konzeption von Philosophie als einem über den empirischen Wissenschaften angesiedelten „Tribunal der Erkenntnis" (RORTY 1981) ist in der analytischen Philosophie weitgehend verlassen worden: QUINE (1975: 41) stellt im Geiste des Naturalismus fest, es gebe „keinen Platz für eine erste Philosophie", und SELLARS läßt (als „Wissenschaftlicher Realist") gar die Wissenschaft als das „Maß aller Dinge" auftreten, „der seienden, daß sie sind, und der nichtseienden, daß sie nicht sind" (SELLARS 1956) – in Anspielung auf den Satz des PROTAGORAS. Man kann befürchten (oder hoffen, je nachdem), daß solche Tendenzen der Philosophie schließlich den Status eines bloßen *Kommentars* zu Ergebnissen der Einzelwissenschaften zukommen lassen werden, oder allenfalls den einer begrifflich-logischen „Manöverkritik", innerhalb derer „Begriffsklärungen" oder „begriffliche Analysen" empirischer Projekte und Theorien geleistet werden.

Tatsächlich kommen der Philosophie in der Cognitive Science aber weiterhin eigene und genuine Aufgaben zu. Eine dieser Aufgaben wäre es, den Neurowissenschaften geeignete *heuristische Prinzipien* zur Verfügung zu stellen, etwa eine Arbeitshypothese zum psychozerebralen Zusammenhang (s.u. und KURTHEN 1988). Ein weiterer Beitrag der Philosophie bestünde darin, bestimmte Konzepte aus der Alltagspsychologie auf ihre Tauglichkeit für eine Theorie der Kognition hin zu untersuchen (wie dies z. B. STICH [1983] – mit negativem Ergebnis – für „beliefs" versucht hat). Eine dritte – vielleicht die wichtigste – Aufgabe aber ist in einer Ausfaltung und ggfs. Korrektur der unausgesprochenen und daher oft ungewußten philosophischen Prämissen der Wissenschaftspraxis zu sehen. In diesem Zusammenhang sind z. B. neuere Versuche zu sehen, die Krise der „klassischen" Kognitionswissenschaft als auf einem unangemessenen „Rationalismus" beruhend zu deuten (WINOGRAD und FLORES 1986) und die Überwindung dieser Krise – die, kurz gesagt, in einem Versagen bezüglich der Erklärung des alltäglichen, allgemeinen intelligenten Handelns besteht – im Rahmen eines hermeneutisch orientierten Ansatzes in Angriff zu nehmen (z. B. LISCHKA und DIEDERICH 1987).

In jedem Fall sollte die Rolle der Philosophie in der Kognitionswissenschaft möglichst genau definiert werden, damit nicht die aus der Wissenschaftsgeschichte wohlbekannten interdisziplinären Grenzkämpfe und Kompetenzrangeleien die anzustrebenden Dialoge „ersetzen".

3.3.2 Wissenschaftstheorie und Leib-Seele-Problem

Es gibt eine respektable wissenschaftstheoretische Tradition in der Philosophie; es gibt speziell in diesem Jahrhundert einen lebendigen und subtilen philosophischen Streit zwischen Empiristen, Realisten, Konstruktivisten etc., ferner eine weitverzweigte Debatte zwischen „Fundamentalisten" und „Kohärentisten". Angesichts dieser regen wissenschaftstheoretischen Tätigkeit in der Philosophie läge es doch nahe, auch das Projekt einer „Wissenschaftstheorie der Neurowissenschaften" in Angriff zu nehmen. Leider ist aber ein Ende des innerphilosophischen Dissenses über die Ausrichtung der optimalen Wissenschaftstheorie noch nicht abzusehen. Zudem sind wissenschaftstheoretische Programme traditionsgemäß recht empirie-abstinent; dies findet einen deutlichen Ausdruck in der bekannten Indifferenz des einzelwissenschaftlichen Fortschritts gegen die theoretischen „Fundierungen". Das Leib-Seele-Problem hingegen, das zumindest im hiesigen Zusammenhang als „psychozerebrales" Problem gelten kann, erweist sich als ein in hohem Maße empiriefreundliches Arbeitsfeld. Zwar findet sich auch hier die neurowissenschaftliche Indifferenz: man kann großartig über Kognitionen forschen, ohne einen Gedanken daran zu verschwenden, ob der „Geist" noch etwas „über die Materie hinaus" ist. Aber schon bei unserem Problem der funktionalen Einheit ergibt sich schnell der Konnex: wenn wir das Gehirn als aus massivparallel verarbeitenden Subsystemen bestehend auffassen, worin liegt dann deren funktionale Einheit? Für eine Antwort bieten sich wieder (mindestens) drei Ebenen an:

- die „Einheit" ist systemimmanent zu beschreiben, sie ist das Beziehungsgefüge der Subsysteme selbst. Damit ist in letzter Konsequenz der Begriff der „funktionalen Einheit" wohl ganz zu streichen; die Frage ist also hier, ob man wirklich auf ihn verzichten kann.
- die „Einheit" ist am besten als Einheit des *Outputs* zu beschreiben, also – beim heutigen Stand der Erkenntnis – als Einheit z.B. des motorischen Verhaltens. Eine solche Auffassung hat einerseits mit dem Problem zu kämpfen, daß die zerebrale Einheit hier nur in einer

Vermittlung zugänglich wird, andererseits mit der Schwierigkeit, Kognitionen ohne Output zu erklären (wenn es so etwas gibt).
- die „Einheit" ist dort zu beschreiben, wo ohnehin schon phänomenale Einheit besteht: auf der Ebene des *Bewußtseins*. Vertreten wir bezüglich des Leib-Seele-Problems etwa einen nichtreduktiven Materialismus (wie heute allgemein üblich) oder auch einen Parallelismus, so werden wir uns die Vorteile der Situation, daß auf einer Ebene bereits eine noch näher zu spezifizierende Einheit gegeben ist, ohne Angst vor metaphysischen Übergriffen zunutze machen: denn die Einheit des Bewußtseins *ist* dann (oder steht für) die funktionale Einheit des Gehirns. „In welchem Sinne von ‚ist'?" wäre dann die nächste Frage, und auch hier finden wir die entscheidenden Begriffe schon in der Leib-Seele-Philosophie vor (s.u. „Supervenienz", „Emergenz" etc.).

Die Diskussion um das Leib-Seele-Problem ist für die gesamte Kognitionswissenschaft wertvoll, denn sie ist nicht mit der prinzipiellen Vorgabe im Widerspruch, daß *Gehirn und Verhalten* die primären Explananda sind. Das Mentale ist ein – faktisch verwendetes – „intermediate framework" (SELLARS 1971), über dessen Tauglichkeit in *diesem Kontext* erst noch zu entscheiden ist. Die Philosophie ist nicht verpflichtet, Einheit nur im Bewußtsein zu suchen, und ebensowenig ist es einer behavioristischen Theorie untersagt, mit Begriffen wie „Bewußtsein" zu arbeiten. Der Ausgangspunkt ist im Grunde sehr voraussetzungsarm: es gibt eine empirisch unproblematische Einheit des Verhaltens (ich kann nicht gleichzeitig „ja" und „nein" sagen), es gibt eine phänomenal unproblematische Einheit des Bewußtseins (die weder grundlegend noch erklärungsnotwendig sein muß), und es gibt eine wissenschaftlich problematische Einheit der Hirntätigkeit (das Gehirn als Ganzes „funktioniert", aber wir wissen noch nicht, wie). Sehr viel hängt davon ab, wie wir uns in dem Feld zwischen diesen drei Einheiten einrichten werden. Welche Rolle oder welchen Status wir der Philosophie auch zuweisen wollen: ohne die philosophische Begrifflichkeit wird eine Theorie der funktionalen Einheit kognitiver Systeme beim heutigen Stand der Wissenschaft kaum aus den Startlöchern kommen. Hierzu nun einige Details.

Emergenz und Reduktion: Fragen nach Emergenz und Reduktion sind für alle Gegenstandsbereiche interessant, in denen sich (relativ einfache) Einheiten zu (relativ komplexen) Systemen zusammenschließen. Man könnte zwei Arten von Emergenz unterscheiden, eine „schwache", harmlose und eine „starke" oder „metaphysische" (s. auch CHURCHLAND 1985). Schwach emergente Eigenschaften wären Systemen, nicht aber deren Bestandteilen zuschreibbar. Dies ist insofern unproblematisch, als sich aus den Beziehungen und Verknüpfungen der Elemente untereinander Funktionszusammenhänge ergeben, die das Reden von

„neuen" Eigenschaften auf der Beschreibungsebene des Gesamtsystems sinnvoll erscheinen lassen. Stark emergente Eigenschaften wären wiederum Systemeigenschaften, die aber weder aus den Eigenschaften der Komponenten ableitbar sind noch aus ihren Wirkungen aufeinander, wenn sie zu einem System zusammengefügt sind. Reduzibel wären Systemeigenschaften, wenn Beschreibungen, in denen sie auftreten, vollständig in Beschreibungen übergeführt werden könnten, in denen nur „Komponentenprädikate" vorkämen. Reduzibilität ist dann mit schwacher, nicht aber mit starker Emergenz verträglich.

Nun liegt die Annahme nahe, daß die funktionale Einheit eines Systems auf dessen emergenten Eigenschaften beruht. Sind schwach emergente Eigenschaften ausreichend für funktionale Einheit? Vielleicht sollte man umgekehrt beginnen und zunächst fragen, ob *stark* emergente Eigenschaften überhaupt möglich sind. Wie NAGEL (1979) ausführte, kollidiert starke Emergenz mit der Idee der kausalen Geschlossenheit des physikalisch Beschreibbaren, denn unter der Annahme, daß ein System zumindest aus nichts anderem *besteht* als aus Komponenten und ihren Verbindungen, wird eine Kausalerklärung stark emergenter Eigenschaften höchst problematisch: *was* bringt diese Eigenschaften hervor? In der analytischen Philosophie wurde diese Frage meist im Kontext des psychozerebralen Problems gestellt, um zu zeigen, daß eine „emergentistische" Auffassung, derzufolge das Mentale emergent ist in bezug auf das Zerebrale, zum Dualismus (oder zum Epiphänomenalismus) driftet. Wenn wir also die funktionale Einheit im Bewußtsein suchen, sollten wir nicht begeistert den Emergentismus annehmen, denn dieser ist entweder uninteressant (mit schwacher Emergenz, die das Mentale reduzibel macht, das Bewußtsein also überflüssig im Sinne eines kausalanalytischen Ansatzes) oder implizit dualistisch (womit das Bewußtsein wieder zum „ganz Anderen" des Gehirns würde und somit als „Einheit" desselben wohl ausschiede). Denken wir die funktionale Einheit aber nichtmentalistisch als rein zerebrale Einheit, so können wir sie vernünftigerweise nur als schwach emergente Eigenschaft des Gehirns auffassen. Mit NAGEL (1979: 182) sollten wir Emergenz „epistemologisch" auffassen: „...it means that an observed feature of the system cannot be derived from the properties currently attributed to its constituents. But this is a reason to conclude that either the system has further constituents of which we are not yet aware, or the constituents of which we are aware have further properties that we have not yet discovered." Auch SELLARS (1963) hatte argumentiert, daß starke Emergenz nicht angenommen werden kann. Er hatte allerdings auch einen „Rettungsversuch" unternommen, indem er annahm, die vermeintlich stark emergenten Eigenschaften könnten einem jeweils völlig anderen „Begriffsgefüge" zugehören. Diese im einzelnen recht voraussetzungsreiche und komplizierte Argumentation soll hier nicht ausführlich diskutiert werden, da sie vor allem für das psychozerebrale Problem selbst von Bedeutung ist (s. KURTHEN 1989).

Das Emergenzproblem ist im übrigen auch ein pragmatisches Problem in bezug auf die funktionale Einheit, nämlich im Sinne der Frage: soll die Kognitive Neurowissenschaft bestrebt sein, komplexe Systemeigenschaften wie die Fähigkeit zu Gedächtnisleistungen etc. möglichst lange in einer „Systemsprache" (mentalistisch oder computational) zu beschreiben und damit auch möglichst lange korrelativ auf einer neuronalen Makro-Ebene zu verbleiben? Oder sollte lieber „von unten" – von den Elementen, den Neuronen her – untersucht werden, in der Hoffnung, daß emergente Eigenschaften sich dann an irgendeinem Punkt schon einstellen werden? Global könnte man der „Makro"-Ebene die rein *klinische* Neurowissenschaft zuordnen, der „Mikro"-Ebene die *experimentelle*. Letztere (auch im Konnektionismus) scheint aktuell im Aufschwung zu sein; warten wir also auf die Emergenz (wenigstens die schwache!) ...

Supervenienz, Instantiierung und Synchronisation: Parallelität von Subsystemen, wie sie für das Gehirn schon allein aufgrund der kurzen Verarbeitungszeiten angenommen werden muß, und funktionale Einheit des Gesamtsystems können auch als Zustände auf unterschiedlichen Beschreibungsebenen aufgefaßt werden und sind nicht als solche problematisch, sondern in ihrem „Umschlag", ihrem Verhältnis zueinander. Ein Hauptproblem der starken Emergenz scheint darin zu bestehen, daß sie die kausale Genese der emergenten Eigenschaften im Dunkeln läßt (s.o.). Aber sollte die Klärung des Verhältnisses von Subsystemen (oder Komponenten) zu Gesamtsystemen ausschließlich auf die Begrifflichkeit der kausalen Abfolge fixiert bleiben? Die „Supervenienz" könnte anstelle der „Emergenz" angenommen werden, die „Instantiierungserklärung" anstelle der Kausalerklärung. Die Supervenienzthese wurde von DAVIDSON (1980: 214) in die Diskussion um das psychozerebrale Problem eingebracht, und zwar als die These, daß „zwei Ereignisse nicht in allen physikalischen Hinsichten gleich, aber in irgendeiner mentalen Hinsicht unterschiedlich sein können". Man könnte auch eine intrazerebrale Supervenienz annehmen, und zwar bezüglich zweier Klassen von Eigenschaften, die Gehirnen zukommen können: „PS"-Eigenschaften und „FE"-Eigenschaften. Dann wären z.B. FE-Eigenschaften supervenient in bezug auf PS-Eigenschaften, wenn gälte: Gehirne, die in Hinblick auf PS-Eigenschaften ununterscheidbar sind, sind auch ununterscheidbar in Hinblick auf FE-Eigenschaften. Die PS-Eigenschaften könnten diejenigen Eigenschaften sein, die empirischen Gehirnen speziell kraft ihrer Organisation in parallelen Subsystemen zuzuschreiben sind; FE-Eigenschaften diejenigen, die empirischen Gehirnen kraft ihrer funktionalen Einheit zukommen. Diese recht schwache Supervenienzthese ließe FE-Eigenschaften vollständig durch PS-Eigenschaften „determiniert" sein (aber nicht zwangsläufig auch „verursacht"), könnte sie aber dennoch als irreduzibel ansehen. Auch eine solche Lösung bleibt natürlich unbefriedigend, wenn weitergefragt werden soll, *wie im einzelnen* die FE-Eigenschaften „supervenieren". Der Supervenienztheoretiker würde vielleicht „tractarianisch" replizieren, jenseits der Feststellung der Supervenienz gebe es keine Frage mehr – und „eben dies sei die Antwort".

Ähnlich ließe sich annehmen, FE-Eigenschaften seien nicht im Rückgriff auf Kausalbeziehungen zu erklären, sondern mit Hilfe von „Instantiierungsgesetzen". Wie CUMMINS (1983) zeigte, sind Kausalgesetze in einer „Theorie der Übergänge" angemessen, die „Zustandsänderungen eines Systems als Wirkungen vorhergegangener Ursachen" erklärt, nicht aber in einer „Eigenschaftstheorie", die Fragen wie „Wodurch hat ein System S die Eigenschaft P?" oder „Was heißt es für S, P zu haben?" zu stellen hat. Eine Erklärung von P als Antwort auf diese Fragen erfordert eine „funktionale Analyse" der Art und Weise, wie P in S instantiiert oder realisiert ist. Wenn P eine dispositionale Eigenschaft des Systems ist, kann sie funktional erklärt werden, indem einfacheren und unproblematischen Dispositionen jeweils bestimmte Vermögen zugeschrieben werden, so daß die spezifisch organisierten (oder programmierten) Dispositionen schließlich zu einer Manifestation von P führen (CUMMINS 1983: 28). Auch ein solcher Vorschlag bleibt natürlich blaß, solange nicht klar ist, wie eine funktionale Analyse im einzelnen aussieht (CUMMINS gibt einige Beispiele). Aber für die Kognitive Neurowissenschaft kann der Vorschlag, den FE-Eigenschaften des Gehirns mit Hilfe von Instantiierungserklärungen beizukommen, auch heuristisch sinnvoll sein, und sei es nur, um von dem problematischen Kausalitätsbegriff etwas weniger abhängig zu werden.

Das Problem der Synchronisation wäre speziell in bezug auf das Gehirn ein möglicher Prüfstein für solche Ansätze. Die funktionale Einheit des Gehirns hat auch einen zeitlichen Aspekt, sie ist auch synchronisierte Koordination parallellaufender Verarbeitungen (in den beiden Hemisphären, in verschiedenen Assoziationsarealen, in verschiedenen „lokalen Netzen", schließlich in den Neuronen). Das Funktionieren des Gesamtsystems erfordert die Konvergenz solcher Prozesse auf einen zu *einem bestimmten* Zeitpunkt zu realisierenden Output. So ergibt sich das Problem, ob alle parallellaufenden Prozesse „die gleiche Zeit" haben, oder ob es in den Subsystemen „lokale Zeiten" bzw. Takte oder „Arbeitsrhythmen" gibt. Anhand solcher konkreter Probleme, zu deren Lösung zumindest einige experimentelle Daten „bereitliegen", könnte der heuristische Wert z. B. der „funktionalen Analyse" geprüft werden.

Funktionalismus und Behaviorismus: Auch der Funktionalismus ist primär eine Position zum psychozerebralen Problem, nämlich – in *einer* möglichen Version – die Auffassung, daß mentale Zustände funktionale Zustände des Gehirns sind insofern, als sie durch ihre kausalen Beziehungen zu einem (sensorischen) Input, einem (motorischen) Output und zu anderen internen Systemzuständen konstituiert werden. Die Gesamtheit solcher funktionaler Zustände wird eine funktionale Einheit bilden – aber wie? Wenn der Funktionalist (wie z. B. PUTNAM 1975) den „funktionalen Zustand" gerade als den Zustand *definiert,* der in Abhängigkeit von Input und funktionaler Systemorganisation *zu einem bestimmten Output führt,* so scheint er den Einheitsaspekt auf die Verhaltensebene zu verlegen und sich so zumindest auf der „Endstrecke" mit dem Behavioristen zu treffen, für den „Einheit" vermutlich *nur* als die unproblematische Einheit einer Verhaltensäußerung auftreten kann. Dies ist insofern bemerkenswert, als der funktionalistische Ansatz ansonsten in striktem Gegensatz zum Behaviorismus steht, indem er zur Erklärung von Kognition auf eine Vielzahl komplexer interner Prozesse zurückgreift, die – wie angenommen wird – sich nicht auch im Verhalten manifestieren müssen. Der Behaviorist kann aber – dies nur nebenbei – darauf verweisen, daß die Kausalkette der relevanten Prozesse „rückwärts aus dem Gehirn und somit den internen Vorgängen heraus" in die Umwelt verfolgt werden kann, so daß eine behavioristische Theorie, die ja Umwelt und Verhalten in ihrer Interaktion nomologisch beschreiben will, nicht unbedingt „etwas ausläßt".

Ist es nun sinnvoll, funktionale Einheit in einem geregelten (motorischen) Output realisiert zu sehen? Ein Vorteil dieser Sichtweise liegt sicherlich darin, daß der Einheitsbegriff – verstanden als sinnvolle Konvergenz der beteiligten „subsystemischen" Prozesse auf *ein* aktuelles Verhaltensmuster – konkretisiert, wenn nicht operationalisiert wird. Wie schon gesagt, kommt ja einem Verhaltensmuster – oder weniger behavioristisch: einer Handlung – immer eine unproblematische oder gar banale „Einheit" zu, einfach weil die Endstrecke erreicht ist, auf der (zu *einem* Zeitpunkt) nur noch jeweils *eine* resultierende Gesamtaktion des Organismus möglich ist. Ebenfalls klar ist, daß diese „Einheit" eine etwaige zerebrale funktionale Einheit nur „vermittelt". Somit stellen sich zwei Fragen:

1. Ist die nomologische Verknüpfung von Verhaltensmustern und internen Verarbeitungsprozessen so konstant (und reichhaltig), daß von einer echten Vermittlung der zerebralen Funktionseinheit durch die Verhaltens-„Einheit" gesprochen werden kann? Falls nein, ist dann der behavioristische Ansatz nicht überhaupt zu „grobkörnig" (s. SELLARS 1979)? Und falls ja:

2. Ist dann die Verhaltensebene nicht nur eine letzten Endes überflüssige „Zwischenstation", da die behaviorale „Einheit" ja ein wie auch immer geartetes Gegenstück im (nomologisch korrelierten) Gehirn haben müßte?

Jedenfalls kann der oft – und nicht immer zu Recht – geschmähte Behaviorismus den Vorteil für sich verbuchen, jener „Einheit" einen buchstäblich „zeigbaren" Sinn zu geben, während es dem Kognitivisten schwerfällt, die funktionale Einheit des Systems (des Geistes, des Gehirns, des Computers etc.) in einer funktionalistischen oder computationalen Begrifflichkeit anschaulich zu machen.

So ist beim heutigen Stand der (wissenschaftlichen) Dinge die „funktionale Einheit" zwar vorwiegend auf der obigen Ebene 3) der Kognitiven Neurowissenschaft – der philosophischen – zu thematisieren; das Erfordernis, die Realisierung von Einheit zu zeigen, ist aber auf allen drei Ebenen gegeben, wenn diese Wissenschaft in den Stand gebracht werden soll. Denn die beiden *Beschreibungs*ebenen, zu denen die neurowissenschaftliche Erklärung insgesamt sich erst fügen soll, *haben bereits* eine je eigene „Einheit": die phänomenale des Bewußtseins und die „aktionale" des Verhaltens. Die Kognitive Neurowissenschaft sollte sich des Problems der funktionalen Einheit annehmen, auch auf das Risiko hin, daß es ihr nicht gelingt, die alte Intuition vom *Bewußtsein* als Einheit in der Kognition in einem neurowissenschaftlichen Bild vom Menschen zu relokalisieren.

Literatur

BLOCK, N. (1986): Advertisement for a semantics for psychology. In: FRENCH, P.A., UEHLING, T.E., WETTSTEIN, H.K. (eds.): Midwest Studies in Philosophy, Vol. 10. Minneapolis; University of Minnesota Press: 615–678.
BRYDEN, M.P. (1982): Functional asymmetry of the intact brain. New York; Academic Press.
CHURCHLAND, P.M. (1985): Reduction, qualia and the direct introspection of brain states. Journal of Philosophy 82: 8–28.
CHURCHLAND, P.S. (1986): Neurophilosophy. Toward a Unified Science of the Mind-Brain. Cambridge, Mass.; MIT Press.
CUMMINS, R. (1983): The nature of psychological explanation. Cambridge, Mass.; MIT Press.
DAVIDSON, D. (1980): Mental Events. In: ders.: Essays on Actions and Events. Oxford; Clarendon Press: 207–225.
FELDMAN, J.A., BALLARD, D.H. (1982): Connectionist models and their properties. Cognitive Science 6: 205–254.
KERTESZ, A. (1985): Aphasia. In: FREDERIKS, J.A.M. (ed.): Handbook of Clinical Neurology, Vol. 45: Clinical Neuropsychology. Amsterdam/New York; Elsevier: 287–331.
KURTHEN, M. (1988): Ein heuristisches Prinzip für die Neurowissenschaften. In: LINKE, D.B., KURTHEN, M.: Parallelität von Gehirn und Seele. Stuttgart; Enke: 53–99.
KURTHEN, M. (1989): Qualia, Sensa und absolute Prozesse. Zu W. Sellars' Kritik des psychozerebralen Reduktionismus. Zeitschr. f. Allg. Wissenschaftstheorie (im Druck).
LISCHKA, C., DIEDERICH, J. (1987): Gegenstand und Methode der Kognitionswissenschaft. GMD-Spiegel 2/3: 21–32.
NEWELL, A. (1982): The Knowledge Level. Artificial Intelligence 18: 87–127.
POPPER, K.R., ECCLES, J.C. (1982): Das Ich und sein Gehirn. München/Zürich; Piper.

Pribram, K. (1971): Languages of the brain. Englewood Cliffs; Prentice Hall.
Putnam, H. (1975): The nature of mental states. In: ders.: Mind, Language, and Reality. Cambridge; Cambridge University Press: 429–440.
Quine, W.v.O. (1975): Ontologische Relativität und andere Schriften. Stuttgart; Reclam.
Rorty, R. (1981): Der Spiegel der Natur. Eine Kritik der Philosophie. Frankfurt; Suhrkamp.
Rumelhart, D.E., McClelland, J.L. (1986): Parallel Distributed Processing: Explorations in the Microstructure of Cognition. Cambridge, Mass.; MIT Press.
Sellars, W. (1956): Empiricism and the philosophy of mind. In: Feigl, H., Scriven, M. (eds.): Minnesota Studies in the Philosophy of Science, Vol. 1. Minneapolis; University of Minnesota Press: 253–329.
Sellars, W. (1963): Philosophy and the scientific image of man. In: ders.: Science, Perception, and Reality. London; Routledge and Kegan Paul: 1–40.
Sellars, W. (1971): Science, sense impressions, and sensa: A reply to Cornman. Review of Metaphysics 24: 391–447.
Sellars, W. (1979): Naturalism and Ontology. Reseda, Cal.; Ridgeview.
Skarda, C.A., Freeman, W.J. (1987): How brains make chaos in order to make sense of the world. Behavioral and Brain Sciences 10: 161–195.
Stich, S. (1983): From folk psychology to cognitive science. Cambridge, Mass.; MIT Press.
Wada, J., Rasmussen, T. (1960): Intracarotid injection of sodium amytal for the lateralization of cerebral speech dominance. Journal of Neurosurgery 10: 266–282.
Winograd, T. Flores, F. (1986): Understanding Computers and Cognition. Norwood; Ablex.

4 Vom *Bewußtsein* zur *Intentionalität:* Hintergründe eines Themenwechsels in der Theorie der Kognition

4.1 Philosophie des Bewußtseins und Wissenschaft der Kognition

Ein Themenwechsel vom „Bewußtsein" zur „Intentionalität" mag auf den ersten Blick nicht recht einleuchten, ist doch die „Intentionalität" aus den klassischen Konzepten (z. B. HUSSERL) gerade als ein *Charakteristikum* des Bewußtseins bekannt, nämlich als die spezifische *Gerichtetheit* eines Bewußtseins „von etwas". Man darf also mit Recht vermuten, daß der hier zu erläuternde Themenwechsel einen (sprachanalytisch) modifizierten Intentionalitätsbegriff betrifft – und ebenso einen veränderten Bewußtseinsbegriff. Mit der im Untertitel angeführten „Theorie der Kognition" sei die Gesamtheit der einschlägigen Bemühungen der „philosophy of mind" bezeichnet, die hier aus verschiedenen Gründen *zwei* „Projekten" zugeordnet werden: einerseits der Ende der fünfziger Jahre anhebenden analytischen Philosophie des Geistes, die, speziell angeregt von der modernen Hirnforschung, in erster Linie eine materialistische Lösung des psychozerebralen Problems anstrebte; andererseits dem, sagen wir, philosophischen Anteil der „Cognitive Science", also dem Vorhaben einer „substratneutralen", allgemeinen Kognitionstheorie, für die sich das Problem der *sprachlichen Bedeutung* (innerer Repräsentationen) als zentral erwiesen hat.

Der Begriff des Bewußtseins galt in der neuzeitlichen Geschichte der Philosophie und Psychologie abwechselnd als hochgeschätzt und als obsolet. Betrachten wir nur einen kleinen Ausschnitt der Theoriegeschichte (man verzeihe grobe Vereinfachungen):

In der neuzeitlichen Philosophie von DESCARTES bis HEGEL war das Bewußtsein bzw. der Geist stets ein zentrales Konzept, wenn nicht gar der Angelpunkt des jeweiligen Systems. Erkenntnistheoretische Begründung schien auf das Faktum des (Selbst-)Bewußtseins ebensowenig verzichten zu können wie systematische Metaphysik auf einen nicht nur subjektiven Geist. In den späteren Anfängen wissenschaftlicher Psychologie (WUNDT, JAMES, Würzburger Schule) galt das individuelle Bewußtsein als respektables empirisches Untersuchungsfeld („Introspektionspsychologie"). Eine konträre Bewertung des Bewußtseins lieferten etwa in der ersten Hälfte des 20. Jahrhunderts die verschiedenen Spielarten des Behaviorismus. Der RYLESCHE logische Behaviorismus – mit dem verifikationistischen Erbe des Logischen Empirismus behaftet – sollte mentalistische Begriffe bzw. den gesamten mentalistischen Diskurs als einen Diskurs über Verhalten(sdispositionen) analysieren. Der methodologische Behaviorismus in der Psychologie (WATSON, LASHLEY etc.) schloß innere subjektive Abläufe „im Bewußtsein" als Gegenstände der wissenschaftlichen Psychologie einfach aus: Psychologie *war* Analyse von Verhalten. Das Scheitern solcher Ansätze bei der Erklärung höherer kognitiver Leistungen hatte in der Psychologie schließlich die von vielen Forschern getragene „kognitivistische Revolution" zur Folge. In der „Kognitiven Psychologie" wurde das Bewußtsein zwar nicht als Zentralkonzept rehabilitiert, aber man wurde wieder „mentalistisch" und nahm einen weiteren Anlauf, das große Zwischen, das sensorischen „input" und behavioralen „output" intelligenter Systeme auseinanderhält, zu strukturieren – nun meist als „Informationsverarbeitung". Die Philosophie – nun als „analytische Philosophie des Geistes" – hatte, nicht zuletzt angeregt durch die Ergebnisse der modernen Hirnforschung, das klassische Leib-Seele-Problem als „mind-*brain*-problem" wiederentdeckt und sah sich vor die Aufgabe gestellt, das „Mentale" zeitgemäß materialistisch – das hieß: möglichst als Zustände und Prozesse des Gehirns – zu erklären. So war das „Bewußtsein" wieder ins Zentrum der Bemühungen um eine Theorie kognitiver Vermögen gelangt. *Heute* haben sich die Kognitive Psychologie und die „philosophy of mind" gemeinsam mit weiteren Disziplinen wie der *Artificial Intelligence (AI)* sowie Teilbereichen der Linguistik und der Neurowissenschaften in der „Cognitive Science" zusammengeschlossen, um eine allgemeine Theorie der Kognition zu formulieren – ein Projekt, dessen Aussichten höchst umstritten sind. Denn es ist fraglich, ob menschliche (und tierische?) Gehirne, „intelligente" Computer und nicht zuletzt „minds" einer einheitlichen Beschreibung zugeführt werden können, die sie sämtlich in Absehung von ihrer „hardware" etwa als „Symbolsysteme" interpretiert. Doch wie dem auch sei – auffällig ist, daß das „Bewußtsein" gewissermaßen wieder verlorengegangen ist: die Theorie der Kognition scheint auf eine Theorie des Bewußtseins verzichten zu können, indem sie „Kognition" etwa in „intelligentem Handeln" verkörpert sieht, welches wiederum als angemessene „Antwort" auf Zielsetzungen des kognitiven Systems selbst *und* auf Erfordernisse der Handlungsumwelt bestimmt wird (z. B. NEWELL 1982).

Unsere Untersuchung soll an diesem Punkt ansetzen und die Gründe für das nochmalige „Verschwinden des Bewußtseins" im (sicher künstlich markierten) Übergang von materialistischer „philosophy of mind" zur „Cognitive Science" durchsichtig machen. Ferner wollen wir sehen, inwieweit das „Bewußtsein" in der nun zentral thematisierten „Intentionalität" wiederkehrt. Im folgenden Abschnitt (4.2) wird zunächst eine

"Ausschnittvergrößerung" vorgenommen, in der ein Wandel in einigen Fragestellungen der "philosophy of mind" erkennbar wird. Anschließend (Abschnitt 4.3) sollen dann die möglichen Gründe für das Verschwinden des Bewußtseins (und seine Ersetzung durch die Intentionalität) formuliert werden. Wenn es auch konsequent schiene, dann noch die Erfolgsaussichten der neueren, intentionalitätsorientierten Kognitionstheorien (etwa der "Repräsentationalen Theorie des Geistes") zu diskutieren, so wäre dies doch ein weit umfangreicheres Vorhaben – vielleicht Gegenstand einer weiterführenden Arbeit. Am Ende dieser Untersuchung kann hierzu allenfalls ein kurzer Vorblick geleistet werden.

4.2 "Philosophy of mind" und "philosophy of cognition"

Halten wir – und sei es nur aus heuristischen Gründen – die Trennung der "frühen" "philosophy of mind" in den sechziger und siebziger Jahren von der späteren "philosophy of cognition" *in* der "Cognitive Science" (in den siebziger und achtziger Jahren) weiterhin aufrecht. Als Paradebeispiele der frühen Richtung wären etwa die Stellungnahmen zur Identitätstheorie anzusehen, wie sie in Anthologien wie BORST (1970) u.a. nachzulesen sind; für die späte Phase könnten unter anderem die Arbeiten von FODOR (1987) und DENNETT (1987) angeführt werden. Wie oben (4.1) bemerkt, waren die frühen Untersuchungen teilweise durch die empirischen Neurowissenschaften inspiriert und hatten vorwiegend das Verhältnis des Mentalen zum Zerebralen thematisiert. Ein typisches Ergebnis dieser Ausrichtung ist eben die Identitätstheorie, die eine kontingente Identität mentaler und zerebraler Prozesse vorsah. Ganz summarisch darf gesagt werden, daß die "philosophy of cognition" stärker vom Paradigma des Computers beeindruckt ist und sich daher zwangsläufig hinsichtlich des psychozerebralen Problems eher einer funktionalistischen Auffassung verpflichtet sieht. Die beiden "Bereiche", die hier einer einheitlichen Erklärung zugeführt werden sollen, präsentieren sich nun aber nicht mehr als Bereiche von "Phänomenen" (oder gar "Entitäten": Gehirn und Geist/Seele), sondern als zwei *Theorien,* namentlich die "folk psychology" und die vielbeschworene "mature cognitive science". Die "Alltagspsychologie" bedient sich im wesentlichen "intentionaler Beschreibungen", sie erkennt den "rationalen Agenten" (den Mitmenschen) *Wünsche, Meinungen, Ziele etc.* zu, um ihr intelligentes Verhalten zu erklären. Ein Kognitionswissenschaftler, der sich dazu entschließt, die Alltagspsychologie wegen ihrer Praktikabilität (oder ihrer Konkurrenzlosigkeit) zum Ausgangspunkt einer wissenschaftlichen Theorie der Kognition zu machen, wird nun die intentionalen Zustände in seiner Theorie unterbringen müssen (bzw. wollen).

Daß dies für einen „orthodoxen" Kognitionswissenschaftler, der Kognition als eine Art von Computation (als regelgeleitete Operationen auf symbolischen Repräsentationen) ansieht (PYLYSHYN 1984), zu beträchtlichen Problemen führt, liegt auf der Hand. Denn in welcher Beziehung steht die Intentionalität propositionaler Einstellungen zu diesen „Repräsentationen"? Doch dazu später. Wo liegt die Wurzel dieser ersten bedeutenden Differenz: der Gegenüberstellung von Theorien statt von Phänomenbereichen? Offenbar doch in einer Version der These, daß diesen Phänomenen selbst bereits etwas sehr „Theoretisches" anhaftet. Hier soll keine vollständige „Archäologie" der Kognitionswissenschaft angestrebt werden; es sei also erlaubt, nur auf *eine* frühe und bahnbrechende Arbeit hinzuweisen, nämlich auf WILFRID SELLARS „Empiricism and the philosophy of mind" (1956; s. auch MILLIKAN 1986). In diesem Aufsatz findet sich die erste wirklich ausgearbeitete Darstellung der Auffassung, daß der Diskurs über „Gedanken und Sinneseindrücke", wie SELLARS sich ausdrückte, ein *theoretischer* Diskurs ist, m.a.W. daß diese mentalen „Phänomene" *in erster Linie* Gegenstände einer vorwissenschaftlichen Theorie sind und erst in zweiter Linie innere, womöglich private Episoden. Daß diesen beiden Weisen, die zu vereinheitlichenden Bereiche darzustellen (Mentales vs. Zerebrales bzw. folk psychology vs. Cognitive Science), dennoch ein wichtiger Aspekt gemeinsam ist, läßt sich ebenfalls anhand eines SELLARSschen Gedankens illustrieren (s.u.).

Wir haben nun in unserem Darstellungsschema „Vom x zum y" den beiden Variablen bereits mehrere verschiedene „Werte" gegeben. Ausgehend vom zentralen (und noch zu erklärenden) „Vom Bewußtsein zur Intentionalität" gelangten wir zu einem provisorischen „Von der philosophy of mind zur philosophy of cognition" und unterschieden hinsichtlich der empirischen Inspirationen: „Von der Neurowissenschaft zur Cognitive Science". Als zentraler Problemwandel wurde zuletzt angeführt: „Vom psychozerebralen Problem zum Problem des Status der Alltagspsychologie in der Cognitive Science". Führen wir nun unsere Ausschnittvergrößerung weiter mit zusätzlichen „Von ... zu's".

Vom „Bewußtsein" zur „Kognition" bzw. zum „intelligenten Handeln": In der von den frühen Formulierungen der Identitätstheorie angeregten Philosophie des Geistes stand stets die Frage im Hintergrund, ob eine reduktionistische Theorie – ein reduktiver Materialismus – plausibel gemacht werden könne. Dabei wurde die „Reduktion" nicht nur von Nicht-Philosophen häufig in dem Sinne mißverstanden, daß sie etwa ein „Verschwinden" oder „Wegdefinieren" des Bewußtseins nahelegen würde. Tatsächlich war vernünftigerweise immer von einer Reduktion einer *Theorie* auf eine andere die Rede gewesen – auch bei radikalen Versionen wie dem eliminativen Materialismus, demzufolge das Mentale, nicht aber irgendetwas an unserem „seelischen Haushalt", in der Tat gewissermaßen verschwinden sollte. Und dennoch: wenn, wie in der Identitätstheorie vorgesehen, etwa Bewußtseinszustände mit Hirnzuständen identifiziert werden sollten, so mußte doch gezeigt werden, daß diese Bewußtseinszustände unter einer angemessenen Beschreibung nichts „über Hirnzustände hinaus" seien. Hier ergaben sich massive Probleme vor allem mit den so genannten „qualia", also den qualitativen Gestaltungen des Bewußtseins, wie sie etwa bei bewußten Wahrnehmungen (von Farben, von Gerüchen etc.) imponieren: das „Wesentliche" solcher qualia scheint sich doch in dieser eigentümlichen Wiebeschaffenheit *für denjenigen, der die jeweilige Wahrnehmung „hat"*, zu erschöpfen. Wie kann ein Hirnzustand qualia haben? – Aus Gründen, über die wir im nächsten Abschnitt mutmaßen wollen, hat die „philosophy of cognition" diese Fragestellungen weitgehend verlassen, indem sie das problematische „Bewußtsein" zugunsten der „Kognition" oder des „intelligenten Handelns" vernachlässigte. Nun sind dies nicht einfach *weitere* Begriffe, insofern auch nicht-bewußte Prozesse prinzipiell „kognitiv" sein können. Unter den vielen kursierenden Charakterisierungen von „Kognition" lassen sich zwei der wichtigsten herausgreifen, um die bedeutende Akzentverschiebung zu illustrieren: zum einen diejenige, die Kognition geradezu im Sinne von intelligentem Handeln bestimmt, etwa als „the ability to maintain a large number of goal conditions under a wide variety of environmental conditions" (SMOLENSKY 1988), zum anderen diejenige, die das Etikett „kognitiv" ausdrücklich solchen Prozessen vorbehält, die auf der Basis der Operationen auf symbolischen Repräsentationen stattfinden (PYLYSHYN 1984). Mit der ersten Charakterisierung wird „Bewußtsein" irrelevant, ohne daß ein Rückfall in einen Behaviorismus impliziert wäre, da ja angenommen wird, daß intelligentes Handeln sich allerdings einem hochkomplizierten „inner processing" verdankt. Die zweite Version verknüpft „Kognition" einfach mit einer wohl empirisch gemeinten These darüber, wie solches „inner processing" im einzelnen abläuft – bleibe das Bewußtsein, wo es will, um mit QUINE (1975: 117) zu sprechen. SELLARS hatte das Mentale immer gern unterteilt in ein „sensorium" (die Sinneseindrücke, die „Rohgefühle", also auch: die qualia) und die „conceptual states" (die „Gedanken"). Man könnte sagen, daß die philosophy of cognition sich in dem Maße den begrifflichen Zuständen zugewandt hat, in dem sie andererseits die „qualitativen Gestaltungen" vernachlässigte, denn die definitorische Verknüpfung von Kognition und symbolischen Repräsentationen ist Ausdruck einer Übernahme der „geerbten" Frage nach der Realisierung von begrifflichen Episoden in einem physischen System. Doch haben nicht auch diese Episoden einen qualitativen Aspekt?

Vom 1.Person- zum 3.Person-Standpunkt: Es ist offensichtlich, daß jeder zu seinen eigenen mentalen Zuständen ein anderes Verhältnis hat als zu den mentalen Zuständen seiner Mitmenschen. Eine naheliegende

Common-Sense-Intuition wäre z. B. die, daß man zu den eigenen mentalen Zuständen einen unmittelbaren und unproblematischen „Zugang" hat, der in Hinblick auf den Anderen niemals möglich ist. Als „1.Person-Standpunkt" könnte man einfach den Ausgangspunkt meist erkenntnistheoretischer Überlegungen fassen, den die vielfältigen Aspekte des epistemischen Verhältnisses zu den je eigenen mentalen Zuständen konstituieren. Einfacher gesagt: Erkenntnistheorie oder Philosophie des Geistes vom 1.Person-Standpunkt geht von dem aus, was man von sich selbst weiß, und versucht von dort aus zu verstehen, was man von dem Anderen (oder von der „Welt") wissen kann. Der 3.Person-Standpunkt kann in einer radikalen Version die These erzeugen, alles, was man von sich selbst wisse, sei erst „epistemologisch nachträglich" von dem her zu verstehen, was man von den Anderen weiß. In unserem Kontext wäre also zu argumentieren, daß die frühe „Bewußtseinsphilosophie" eher mit dem 1.Person-Standpunkt zu assoziieren ist, die spätere „Intentionalitätsphilosophie" dagegen mit dem 3.Person-Standpunkt. Die oben erwähnten qualia sind natürlich den 1.Person-Aspekten des Mentalen zuzuordnen, denn ihre „Existenz" scheint sich ja gerade in dieser qualitativen Gestaltung zu erschöpfen, die nur das jeweilige Subjekt der qualia gewahren kann. Überhaupt sind mit den 1.Person-Aspekten die interessantesten Probleme der Bewußtseinsphilosophie verknüpft, und entsprechend vielfältig und verzweigt sind die zu diesen Fragen bereits vorliegenden Analysen. Nur kurz drei Beispiele:

a) die „unmittelbare Gegebenheit": phänomenologisch gesehen haben die je eigenen mentalen Zustände diese spezifische Erscheinungsweise, daß wir ihrer „unmittelbar" „in unserem Bewußtsein" gewahr sein können; wir müssen unsere eigenen Wahrnehmungen nicht erst erschließen oder irgendwie zu ihnen hingelangen: wir haben sie „direkt". Im Gegensatz dazu sind uns die mentalen Zustände Anderer immer nur in einer Vermittlung zugänglich. – Diese vermeintlich unmittelbare Gegebenheit mentaler Zustände kann zu weitreichenden epistemologischen Implikationen führen, etwa im Sinne eines erkenntnistheoretischen Fundamentalismus, demzufolge basale, noch nicht „theoriekontaminierte" Beobachtungen in solchem Modus der Gegebenheit begegnen und so als Grundlage empirischer Theoriebildung eingesetzt werden können. Hier sollen aber mehr die Folgerungen für die Philosophie des Geistes interessieren. So könnte angenommen werden, daß diese unmittelbare Gegebenheit geradezu *das* Merkmal des Mentalen bildet, also die intrinsische Verfaßtheit solcher innerer Episoden betrifft. Da dieser phänomenale Modus der Unmittelbarkeit aber ohne den Rückgriff auf ein angenommenes Subjekt solcher innerer Episoden nicht zu beschreiben ist, scheint hier doch ein „irreduzibler Geist" hinter (und auf) dem 1.Person-Standpunkt zu stehen. Damit hängen die beiden folgenden Beispiele eng zusammen:

b) **Privilegierter Zugang:** Hiermit ist meist ein epistemisches Privileg gemeint in dem Sinne, daß ich selbst (im Gegensatz zu Anderen) ohne zusätzliche Anhaltspunkte oder Hinweise ein, sagen wir, direktes Wissen von meinen eigenen mentalen Zuständen habe. So kann ich „privilegiert" meine Sinneseindrücke *haben;* so kann ich auch, so scheint es, privilegiert den Inhalt meiner Gedanken kennen. Wenn man dieses empirische Faktum eines privilegierten Zugangs philosophisch aufbaut, legt man allerdings erste Hindernisse in den Weg bei der Handhabung des Problems des Fremdseelischen: kann man überhaupt ein Wissen um die mentalen Zustände eines Anderen haben, wenn das epistemische Privileg immer auf der Seite dieses je Anderen liegt? Und weitere Hindernisse entstehen durch das dritte Beispiel:

c) **Unkorrigierbarkeit:** Es scheint, als entfiele hinsichtlich der eigenen mentalen Zustände die Möglichkeit des Irrtums: wenn ich z. B. einen Schmerz empfinde, so kann dies kein Irrtum sein in dem Sinne, daß ich „nur *meine,* einen Schmerz zu empfinden, *in Wirklichkeit* aber keinen empfinde". Und wenn ich denke, daß im deutschen Pokalendspiel 1989 Norbert Dickel nicht von Beginn an spielen wird, so kann ich mich zwar bezüglich der tatsächlichen Mannschaftsaufstellung von Borussia Dortmund irren (und ich würde mich irren!), nicht aber bezüglich der Tatsache, daß ich eben dies denke (daß Dickel erstmal nicht spielt). Auch diese vermeintliche (s.u.) Unkorrigierbarkeit kann zu einem (oder *dem*) Merkmal des Mentalen aufgebaut werden, und dies könnte – ebenso wie die „Gegebenheit" oder der „privilegierte Zugang" einem reduktiven Materialismus Probleme bereiten. Und die Unkorrigierbarkeit des jeweiligen Subjekts würde das Problem des Fremdseelischen noch verschärfen, denn sie würde zumindest dazu führen, daß Aussagen über die mentalen Zustände Anderer nicht intersubjektiv verifiziert werden können. Aber auch, wenn wir gar nicht am Verifikationismus hängen, wird das Problem nicht nennenswert einfacher. Denn, wie u.a. WITTGENSTEIN (1958, 1977) zeigte, sind wir immer gezwungen, Fremdseelisches per analogiam zu erschließen („*er* hat dasselbe [Gefühl o.a.] wie *ich, wenn ich* ..."), wenn wir das Problem vom 1.Person-Standpunkt aus angehen wollen. Das Analogie-Argument aber scheitert aus verschiedenen Gründen (s. KURTHEN et al. 1989). So macht die Betonung der 1.Person-Aspekte des Mentalen in dem Maße eine „3.Person-Psychologie" problematisch, in dem sie andererseits auch dem reduktiven Materialismus Steine in den Weg legt. Letzteres sei geschenkt, aber was ist eine wissenschaftliche Psychologie, wenn nicht die Lehre von den mentalen Zuständen Anderer (nämlich Aller)?

Im Kontrast zu diesem Problemkontext steht der – provisorisch mit der „philosophy of cognition" assoziierte – 3.Person-Standpunkt, von dem aus die Fragen nach dem Verhältnis des jeweiligen Subjekts zu seinen eigenen mentalen Zuständen in den Hintergrund rücken zugunsten der Frage nach den *Kriterien der Zuschreibung* mentaler Zustände. Nach welchen Gesichtspunkten schreiben wir jemandem (oder etwas?) also *Bewußtsein,* aber auch aktuale Vorkommnisse von Sinneseindrücken oder Gedanken zu? Eine solche Fragestellung überspringt natürlich die in den vorigen Absätzen angerissenen Probleme nicht einfach, sondern hält sie für erledigt, wie im folgenden Abschnitt (4.3) kurz erläutert werden soll. An dieser Stelle soll wieder nur auf die beträchtliche Akzentverschiebung hingewiesen werden, die sich vielleicht am besten am leidigen Thema „Kognitivität (oder Bewußtsein, oder Intelligenz) der Maschinen" illustrieren läßt. Vom 1.Person-Standpunkt aus erscheint es (gelinde gesagt) problematisch, einer Maschine Bewußtsein oder Kognition zuzuerkennen. Denn es erscheint nicht nur vielen kontraintuitiv, daß eine Maschine Bewußtsein im Sinne der qualitativen Gestaltungen haben kann; vor allem scheint ein Artefakt doch kein *Wissen um* die „Inhalte" seiner „Kognitionen" zu haben. Wie die von SEARLE (1980) angefachte, sattsam bekannte Diskussion zeigte, gelangt man ausgehend vom 1.Person-Standpunkt leicht zu der Auffassung, ein Artefakt könne immer nur tumb Symbole manipulieren (es hat „nur eine Syntax"), während das Wissen um die Bedeutung der Symbole und der vom Computer hervorgebrachten Lösungen auf seiten des Programmierers oder Users liegt (er hat die „Semantik"). Hier scheint bereits das Zentralproblem der Intentionalität (als „aboutness") auf. Aber Schritt für Schritt: vom 3.Person-Standpunkt aus stellt sich dieses Problem (des Bewußtseins der Maschinen) nicht mehr im gleichen Sinne. Gefragt wird nicht mehr (in erster Linie), ob dieses Artefakt „wirklich" etwas weiß oder Bewußtsein hat, sondern viel allgemeiner: welches die Kriterien sind, denen gemäß wir *irgendeinem Kandidaten für „Kognitivität"* (Artefakten, Hunden und Katzen, Kleinkindern) Wissen oder auch Bewußtsein zuschreiben. Und vor allem: wenn wir einem Kandidaten eine propositionale Einstellung zuschreiben, warum gerade diese (wie werden propositionale Einstellungen individuiert)? Diese Fragestellung scheint viel zwangloser zu einem naturalistischen Ansatz zu führen, denn man kann versuchen, „Kognition" etwa an einer bestimmten Weise des „inner processing" festzumachen (der „Computation", s.o.). Das darf nicht darüber hinwegtäuschen, daß die 3.Person-Kriterien zuerst aus einer folk psychology (oder einer ordinary language philosophy?) entspringen müssen, denn woran sollte sich ein naturalistischer Kognitionsbegriff sonst bewähren?

Diese Akzentverschiebung kann nun auf verschiedene Weise interpretiert werden. Man könnte z. B. argumentieren, die „philosophy of cognition" sei eben in ein viel weiter gefaßtes Projekt eingebettet, welches „anti-chauvinistisch" nicht nur für den Menschen, sondern auch für höhere Tiere, Artefakte und was auch immer eine Theorie der Kognition liefern soll. Dann wäre auch der Funktionalismus (mit dem „multiple realizations argument") eine Wurzel dieser Wandlungen. Aber es bedarf dieser Voraussetzungen nicht, um einen Themenwechsel vom 1.Person- zum 3.Person-Standpunkt zu vollziehen. Denn dieser Wechsel ist nicht Ausdruck eines „Siegs des Funktionalismus", sondern eines allgemeinen Desinteresses am psychozerebralen Problem (s.u.). Wahr bleibt dennoch, daß die philosophy of mind, be-geistert von den Neurowissenschaften, vom Problem des Verhältnisses Gehirn/Geist fasziniert war und die Behandlung der 1.Person-Aspekte völlig zu Recht als entscheidenden Prüfstein ansah. Das „Verschwinden des Bewußtseins" kann nur Ausdruck einer Lösung oder Abfertigung der mit diesen Aspekten verknüpften Probleme sein.

Von traditionellen ontologischen zu aktuellen empirischen Problemen: Das traditionelle Leib-Seele-Problem ist ein *ontologisches* Problem, es thematisiert den ontologischen Status des Seelischen, etwa im Sinne der Frage (ich vereinfache grob): offensichtlich ist das Seelische etwas anderes als das Körperliche; was also *ist* das Seelische? Das Wörtchen „offensichtlich" in dieser Frage hat eine weitverzweigte Genese; hier gingen Eigenschaften des Seelischen ein, die es zu etwas Nicht-Materiellem zu machen schienen (z. B. die fehlende räumliche Ausgedehntheit), aber auch (und vor allem) solche Eigenschaften, die eben dieses genuin „Subjektive" resp. Psychische auszumachen schienen, nämlich die qualitativen und weiteren 1.Person-Aspekte. Die philosophy of mind steht in dieser Tradition, nicht nur indem sie die vermeintlich unhintergehbaren Unterscheidungsmerkmale des Mentalen vom (z. B.) Zerebralen zu dekonstruieren sucht, sondern auch explizit, indem sie „anticartesianisch" gegen einen ontologischen Dualismus angeht. Die Frage „Was *ist* das Mentale?" ist daher ebenso ontologisch wie die (mögliche) Antwort „Es *ist* ein zerebraler Prozeß, so und so beschrieben". Daß diese traditionell-ontologische Ausrichtung der philosophy of mind zu Problemen vornehmlich mit den 1.Person-Aspekten des Mentalen führte, ist insofern nicht verwunderlich, als die in Frage stehenden mentalen Prozesse ja in erster Annäherung das sind, was sie sind, insofern sie *für uns* sind.

Demgegenüber ist unsere philosophy of cognition an solchen ontologischen Problemen nicht mehr sonderlich interessiert. Hier ist der Ausgangspunkt nicht mehr das philosophische Problem der Bestimmung des Verhältnisses der „Seele" zum Körper resp. Gehirn, sondern das empirisch-wissenschaftliche Problem einer „Theorie der Kognition". Dementsprechend hebt das Theoretisieren auch nicht bei vermeintlich irreduziblen Eigenschaften des Mentalen an, sondern bei einer vorgegebenen und vorwissenschaftlichen Proto-Theorie der Kognition: der „folk psychology", über deren Wert und Verwertbarkeit für eine „ausgereifte Kognitionswissenschaft" dann zu befinden ist. Damit fallen dem philosophischen Anteil dieses Projekts Aufgaben zu, die mit Ontologie zumindest explizit nichts mehr zu tun haben: etwa Untersuchungen darüber, wie in der Alltagspsychologie propositionale Einstellungen individuiert werden und ob diese Individuierungsstrategien für eine wissenschaftliche Beschreibung der Einstellungen ausreichen usw. Warum ist die Ontologie (des Leib-Seele-Problems) kein Thema mehr? Ist es einfach langweilig geworden, gegen noch verbliebene dualistische Gegenstimmen anzureden, die sich auf diskursiv schwer faßbare Intuitionen hinsichtlich qualia etc. berufen? Oder ist es der Drang zur „empirischen Relevanz", der die Analytische Philosophie immer ausgezeichnet hat und der nun den Anschluß an die empirische Theorie der Kognition erzwingt? Wohl beides, aber auch ein Drittes: die Diskussion um das psychozerebrale Problem ist auch sachlich an ein Ende (oder eher einen toten Punkt) gekommen (s.u.).

Intentionalität: von der Gerichtetheit des Bewußtseins zur „aboutness": Der Titel „Vom Bewußtsein zur Intentionalität" soll nicht den Eindruck erwecken, der Begriff der Intentionalität sei erst in der philosophy of cognition gebührend bedacht worden. Es handelt sich eher auch um eine Bedeutungsverschiebung *im* Intentionalitätsbegriff. In klassischer Verwendung – etwa in der HUSSERLschen Phänomenologie – ist „Intentionalität" ein Charakteristikum des *Bewußtseins,* nämlich die Eigenschaft, stets ein Bewußtsein *von etwas* zu sein; es ist die Gerichtetheit auf einen Inhalt, einen „intentionalen Gegenstand". In diesem Sinne ist die klassische „Intentionalität" untrennbar mit der bewußten Präsenz des jeweiligen Subjekts intentionaler Zustände verbunden: das Problem der Intentionalität ist selbst ein Problem des Bewußtseins. Gegenüber diesen Problemstellungen hat auch die philosophy of mind schon einen semantischen Aufstieg vollzogen, indem sie vorzugsweise die Bedingungen der Zuschreibung intentionaler Zustände untersuchte, also den „intentionalistischen Diskurs" (statt der Intentionalität „selbst"); beispielhaft für diese Ausrichtung sind sicherlich die Arbeiten D. DENNETTS (zuletzt 1987). Der Übergang zu der „Intentionalität", die nun in der philosophy of cognition zu einem zentralen Konzept geworden ist, ist unter anderem auch durch die schon erwähnte Arbeit von SELLARS (1956) vorbereitet worden. In diesem bislang nicht gebührend beachteten (s. aber BIERI 1981: 142f) Aufsatz hatte SELLARS den Grundstein für eine Betrachtung gelegt, die Intentionalität stärker unter dem Aspekt der sprachlichen Bedeutung untersucht. So konnte er in einer weit ausholenden Analyse zeigen, daß der mentalistische Diskurs über „Gedanken" rekonstruiert werden kann als ein *theoretischer* Diskurs, in dem die „Gedanken" den Status von Gegenständen einer (im heutigen Verständnis:) alltagspsychologischen Theorie zugeordnet bekommen, wobei als Modell für diese „unbeobachtbaren" theoretischen Entitäten einfach die unproblematische offene Sprachäußerung fungiert, also der gesprochene Satz. Dann ist die „Intentionalität" des Gedankens – die wegen dessen propositionaler Struktur nun als „aboutness" zu fassen ist – ebenfalls ein abgeleitetes Phänomen, dem die sprachliche Bedeutung der Äußerung vorangeht. SELLARS hat in späteren Arbeiten (v.a. 1974, 1979) versucht, den mentalistischen Diskurs als eine bloße theoretische Anreicherung und Verfeinerung eines „grobkörnigen" „verbal-behavioristischen" Ansatzes darzustellen, innerhalb dessen semantische Kategorien und auch Intentionalität primär den Vorkommnissen offenen Sprachverhaltens zugeordnet werden (zur Erläuterung s. auch KURTHEN 1988 und 1989).

In diesem SELLARSschen Gedanken kommt eine Analogisierung von Gedanken und (gesprochenen) Sätzen zum Ausdruck, durch die die Intentionalität propositionaler Einstellungen in einer Art von „Semantizität" aufzugehen scheint. Und als eine solche Semantizität taucht die Intentionalität dann auch in der philosophy of cognition auf, nämlich als semantischer Gehalt mentaler Repräsentationen. Dies ist der für die orthodoxe Kognitionswissenschaft zurechtgestutzte Intentionalitätsbegriff. Denn wenn wir – mit FODOR (zuletzt 1987) und PYLYSHYN (1984) – „Kognizieren" als ein Operieren auf symbolischen Repräsentationen auffassen, dann ist Intentionalität eben das Etikett für die zu fordernde Eigenschaft dieser Repräsentationen, „sich auf etwas zu beziehen", also über den semantischen Gehalt zu verfügen, ohne den sie schwerlich zu einer adäquaten „Theorie des Geistes" würden beitragen können.

Diese „Intentionalität" ist nun nicht mehr notwendig mit einer bewußten Präsenz verknüpft zu denken, sie ist vom Bewußtsein „befreit". Unter der weiteren Annahme, daß mentale Repräsentationen schließlich irgendwie im (z. B. menschlichen) Gehirn instantiiert sind, öffnet sich dann das Feld für eine naturalistische Theorie der Intentionalität. Denn wenn Intentionalität qua Semantizität schon nichts mehr mit dem Bewußtsein zu tun hat, was liegt dann näher als der Versuch, die repräsentationalen Vermögen ganz im neuronalen resp. computationalen Haushalt unterzubringen? Auf dieses Projekt der naturalisierten Semantik konzentriert sich denn auch ein maßgeblicher Anteil der philosophy of cognition; auf die beträchtlichen Schwierigkeiten, die sich dabei ergeben, kann hier nicht im einzelnen eingegangen werden (s. z. B. SAYRE 1986). Aber wäre man mit der „bewußtseinsassoziierten" Intentionalität besser dran gewesen? Auch Intentionalität, die als Beziehung des Bewußtseins auf einen Inhalt gedacht wird, muß die Semantizität (mit)erklären. Und ist nicht dieser Ansatz unweigerlich der Annahme verpflichtet, Bedeutungen seien „etwas im Geiste" – einer Annahme, die von QUINE (1975: 42ff) als „Mythos vom Museum" wirksam entkräftet worden ist?

Beenden wir damit die (unvollständige) Reihe unserer „Von ... zu's"; im folgenden soll nun auf einige inhaltliche Fortschritte – oder jedenfalls

Veränderungen – in der analytischen Philosophie hingewiesen werden, die diesen in der „Ausschnittvergrößerung" betrachteten Themenwechsel mitmotiviert haben. Zuvor nur noch eine Bemerkung: die in diesem Abschnitt vorgenommene Dichotomisierung von philosophy of mind und philosophy of cognition darf nicht darüber hinwegtäuschen, daß beide Projekte nicht nur ohne scharfe Trennung zeitlich und sachlich ineinander übergehen, sondern auch von dem gemeinsamen Bestreben getragen sind, zu einem Übergang von – in SELLARS Terminologie – einem „manifesten" zu einem „wissenschaftlichen Weltbild" beizutragen: während die an der Hirnforschung orientierte materialistische Leib-Seele-Philosophie die Möglichkeit einer vollständigen Erklärung des Mentalen im „Neuro-Diskurs" plausibel machen möchte, ist der philosophy of cognition daran gelegen, den manifesten alltagspsychologischen „belief-desire-talk" in einer wissenschaftlichen (vielleicht computationalen) Kognitionstheorie aufzuheben.

4.3 Das Verschwinden des Bewußtseins

Vier mutmaßliche Gründe für das „Verschwinden des Bewußtseins" in der „philosophy of cognition" sollen nun kurz vorgestellt werden:

a) die Einigung auf einen nichtreduktiven Materialismus hinsichtlich des psychozerebralen Zusammenhangs,
b) die Entmythologisierung der 1.Person-Aspekte des Mentalen,
c) die Zunahme empirischer Erklärungen der Kognition ohne Rückgriff auf den Bewußtseinsbegriff, und
d) nochmals die Bedeutungsverschiebung im Begriff der Intentionalität.

Zu a): Mehrere Jahrzehnte philosophischer Diskussion um den psychozerebralen Materialismus haben gezeigt, daß einerseits eine Rückkehr ins Paradies (?) des Dualismus utopisch ist, andererseits aber eine philosophisch interessante Reduktion des Mentalen auf das Zerebrale (als Elimination oder Identifikation) auf widerspenstige Probleme stößt. Demzufolge hat sich in den letzten Jahren eine teils explizite, teils stillschweigende Hinnahme des nichtreduktiven Materialismus als „Arbeitshypothese" ausgebreitet. Als Beispiel sei QUINES (1985: 125) schon fast „weich" zu nennender „nichtreduktiver Physikalismus" genannt, demzufolge „in dieser Welt nichts geschieht ..., ohne daß eine Umverteilung mikrophysikalischer Zustände stattfindet". Der Kompromiß, auf den man sich nun meistens einigt, ist die „Supervenienztheorie" (ursprünglich: DAVIDSON 1970). Supervenienz kann für zwei Klassen von Eigenschaften (A und B) definiert werden derart, daß A-Eigenschaften supervenient sind in bezug auf B-Eigenschaften genau dann, wenn zwei Individuen sich nicht in ihren A-Eigenschaften unterscheiden können, wenn sie sich nicht auch in ihren B-Eigenschaften unterscheiden. Nehmen wir mentale Eigenschaften (A) und (in einer „engen" Version) zerebrale Eigenschaften (B), so haben wir eine recht schwache materialistische Annahme zur Hand, die keine reduktionistischen Verpflichtungen mit sich bringt. Dabei ist die Supervenienztheorie keineswegs unumstritten; dem einen erscheint sie zu schmalbrüstig (BIERI 1987), dem nächsten zu epiphänomenalistisch (KURTHEN 1989) usw. Darüber hinaus ist zumindest die oben angedeutete enge Version der psychozerebralen Supervenienz durch die von PUTNAM (1975) und BURGE (1979) in Gang gebrachte „Individualismuskritik" diskreditiert worden, derzufolge propositionale Einstellungen nicht allein im Rückgriff auf Eigenschaften des Individuums individuiert werden können (diese mittlerweile sehr verzweigte Diskussion soll hier nicht weiter verfolgt werden; s. FODOR 1987 als Versuch, eine heuristisch sinnvolle Supervenienz trotz PUTNAM und BURGE nach Hause zu bringen). Der echte Supervenienz-Fan wird sich auch davon nicht abschrecken lassen, sondern eine komfortablere „globale Supervenienz" einführen, die über ganze Welten definiert ist und nur noch erfordert, daß „any two worlds indiscernible with respect to B-properties are indiscernible with respect to A-properties" (KIM 1987: 318). Zudem disqualifiziert der Antiindividualismus nicht den nichtreduktiven Materialismus selbst, mit dem sich offenbar alle Beteiligten leidlich arrangiert haben.

Zu b): Die „Entmythologisierung" der in Abschnitt 4.2 vorgestellten 1.Person-Aspekte des Mentalen mündet nicht in der strikten Leugnung von Unmittelbarkeit, privilegiertem Zugang, Unkorrigierbarkeit etc.; sie besteht eher darin, diese Aspekte u.a. durch eine Rekonstruktion ihrer Mikrogenese zu relativieren und von den vermeintlichen antireduktionistischen Implikationen zu befreien. Das Verdienst, diese Arbeit für die vermeintliche unmittelbare Gegebenheit von Sinneswahrnehmungen geleistet zu haben, gebührt noch einmal SELLARS (1956), der zeigte, daß ein epistemologisch interessantes „Gegebenes" immer schon ein von einer erworbenen propositionalen Warte aus „Genommenes" sein muß (was ihn nicht daran hinderte, die „Sinneseindrücke" als entscheidende Hindernisse für das Projekt des reduktiven Materialismus aufzubauen). Als die „Unmittelbarkeit" der je eigenen propositionalen Einstellungen könnte man das Phänomen des „direkten Wissens" anführen, also die Tatsache, daß ich mir das Vorkommen meiner eigenen propositionalen Zustände nicht erst aus Anhaltspunkten erschließen muß. Aber auch dies kann nicht als „mark of the mental" durchgehen, denn es spricht nichts grundsätzlich dagegen, daß ich auch Zustände Anderer „direkt wissen" kann (und daß ich nicht *all* meine eigenen propositionalen Zustände „direkt weiß"; s. HEIL 1988). Auch der „privilegierte Zugang" läßt sich auf einen „empirisch privilegierten Zugang" reduzieren, der das Produkt einer bestimmten Sprachpraxis ist, weit entfernt, selbst eine solche zu „fundieren" (s. KURTHEN und LINKE 1989); auch diese Genese des privilegierten Zugangs aus einer primär ganz öffentlichen Sprachpraxis hat SELLARS (1956) rekonstruiert. Die „Unkorrigierbarkeit" bezüglich der je eigenen mentalen Zustände schließlich wird nicht nur durch die oben erwähnte Individualismuskritik in Frage gestellt (zur Diskussion s. DAVIDSON 1987), sondern bereits in RORTY (1970, dt. 1981) wirksam dekonstruiert: wenn neurologische Anhaltspunkte als Kriterien für das Vorkommen von (z. B.) Schmerzen zu introspektiven Berichten in Konkurrenz treten würden, sind Situationen denkbar, in denen Widersprüche zwischen den konkurrierenden Kriterien die Entscheidung unmöglich machen können, ob der Betreffende das Wort „Schmerz" nur falsch gebraucht oder ob er sich mit einer Schmerzaussage irrt. Es zeigt sich, daß die Behauptung, ein Irrtum sei hier unvorstellbar, „elliptisch für die Behauptung ist, daß ein Irrtum, der *von jemandem begangen wird, der weiß, was Schmerzen sind,* unvorstellbar ist ..." (RORTY 1981: 111); diese Behauptung ist aber leer, wenn das „Wissen" von vornherein an der 1.Person-Autorität fixiert wird. Aus der Unkorrigierbarkeit kann man, so resümiert RORTY an anderer Stelle (1981a: 196) recht salopp, nicht mehr herausholen als die Feststellung, „bisher habe niemand ein brauchbares Verfahren der Vorhersage und Kontrolle menschlichen Verhaltens vorgeschlagen, das aufrichtige Berichte der ersten Person über ihre Gedanken nicht für bare Münze genommen hätte."

Dies alles kann nur einen Hinweis darauf ergeben, daß die Abwendung von den 1.Person-Aspekten mentaler Zustände nicht nur pragmatische Gründe, sondern auch einen reichen sachlichen Hintergrund hat. Dies gilt auch für die „Entmythologisierung" der qualia, die zu diskutieren den hier gesteckten Rahmen sprengen würde (zur Orientierung hilfreich: CHURCHLAND 1985 und KURTHEN 1989). Im übrigen ist der Übergang zu den 3.Person-Aspekten keine Garantie dafür, daß die Probleme der 1.Person-Aspekte nun ganz abgeschüttelt werden; so wird z. B. das Problem des Fremdseelischen in modifizierter Form auch für eine „3.Person-Psychologie" virulent, die nun Verfahren für die empirische Bestätigung von Aussagen über mentale Zustände Anderer zu entwickeln hat (s. KURTHEN et al. 1989).

Zu c): Die empirischen Erklärungsmodelle intelligenten Handelns, die ohne Rückgriff auf einen Bewußtseinsbegriff auskommen, werden differenzierter und angemessener. Dies gilt sowohl für weitere Fortschritte in den Neurowissenschaften wie in der Kognitiven Psychologie als auch für die von der AI-Forschung inspirierten repräsentationalen Modelle (s.u.). Diese Entwicklungen werfen unweigerlich die Frage auf, welchen Nutzen weiteres Theoretisieren über das Bewußtsein noch haben kann, wenn das Erklären und Modellieren kognitiver Systeme an diesem

Konzept gleichsam vorbeiläuft (dabei bleibt offen, ob Philosophieren überhaupt über einen solchen „Nutzen" zu legitimieren ist).

Im Brennpunkt des kognitionswissenschaftlichen Interesses steht derzeit die Kontroverse um das Verhältnis zweier theoretischer Ansätze, des „Symbolverarbeitungsparadigmas" und des „Konnektionismus" (s. Fodor und Pylyshyn 1988). Auf diese Kontroverse soll hier nicht eingegangen werden; stattdessen seien ein paar Grundthesen des „klassischen" Symbolverarbeitungsansatzes dargestellt, die zusätzliches Licht auf die „Intentionalität als Semantizität" werfen.

Wie Pylyshyn (1984) – auch in Anlehnung an Newell (1980 und 1982) – argumentiert, sollte das Etikett „kognitiv" solchen Prozessen vorbehalten bleiben, die von außen als ein Handeln auf der Basis von Wissen und bestimmten Zielsetzungen zu charakterisieren sind, „intern" aber – und dies ist entscheidend – als ein „Operieren auf symbolischen Repräsentationen" beschreibbar werden. Als Substrat der Kognition wird ein Bereich semantisch evaluierbarer innerer Repräsentationen angesetzt, deren Gehalt dem Inhalt der Gedanken (auf der Ebene des „Geistes") korrespondiert. Kognition „selbst" ist dann eine Art von „Computation", also ein (sequentielles) regelgeleitetes Operieren auf solchen Repräsentationen, das syntaktisch beschrieben werden kann. Das Verhalten kognitiver Systeme (besser: ihr intelligentes Handeln) ist eine kausale Konsequenz solcher Operationen, welche faktisch dann als neuronale o.a. Prozesse instantiiert sind. Wie Fodor (zuletzt 1987) ausführt, ist die „Sprache des Geistes" („language of thought") gewissermaßen die Gesamtheit solcher mentaler Repräsentationen, welche sowohl als Objekte propositionaler Einstellungen wie auch als „Bestandteile" mentaler Prozesse fungieren. Denn, wie Fodor sagt, „Glauben, daß p" heißt in einer bestimmten Relation stehen zu einem Vorkommnis eines Symbols, welches p bedeutet; mentale Prozesse aber wären kausale Sequenzen solcher Vorkommnisse mentaler Repräsentationen. Eine solche „Repräsentationale Theorie des Geistes" reduziert gleichsam die Intentionalität propositionaler Einstellungen auf den semantischen Gehalt mentaler Repräsentationen. Es nimmt nicht wunder, daß die „sprachliche Bedeutung" die „Intentionalität" ganz auszufüllen beginnt, wenn Kognition buchstäblich als ein „Sprechen" des Geistes aufgefaßt wird.

Zu d): Dementsprechend nimmt das allgemeine Interesse an einer „Psychosemantik" (Fodor) in dem Maße zu, in dem das traditionelle psychozerebrale Problem an Attraktivität zu verlieren scheint. Das aktuelle – und nicht unbedingt „leichtere" – Problem ist dann das der semantischen Evaluation der mentalen Repräsentationen. Worin besteht die „aboutness" einer Repräsentation? Muß man annehmen, daß die kausalen Beziehungen zwischen repräsentationalen Zuständen die semantischen Beziehungen zwischen ihren propositionalen Objekten irgendwie

„widerspiegeln"? Diese Probleme können interessanterweise in einer bewußtseins-(oder „1.Person-")orientierten Theorie dadurch verschleiert werden, daß der bequeme Ausweg benutzt werden mag, die „Semantizität" dem bewußten „intentionalen" Subjekt zuzuschlagen, welches eben um die Bedeutung eines items „wisse". Eine Psychosemantik ohne bedeutungsverleihende Psyche (= Bewußtsein) muß die Semantizität der Repräsentationen gewissermaßen systemimmanent entstehen lassen. Aber vor allem die Berücksichtigung einer kausalen Theorie der Referenz läßt das „System" womöglich bis in die Außenwelt reichen. So scheint auch eine naturalistische Semantik ansetzen zu können. Man könnte etwa definieren, eine Repräsentation R „bedeute" S genau dann, wenn in einem kognitiven System die Repräsentation R durch die Tatsache, *daß* S (unter bestimmten Standardbedingungen) hervorgerufen wird (s. STAMPE 1986: 124). Es bleibt abzuwarten, ob kausale Theorien der Intentionalität (als Semantizität) wirklich erfolgreich sein können, denn *Referenz* erschöpft nicht *Bedeutung*. Aber wie dem auch sei – in jedem Fall ist mit *dieser* „Intentionalität" das Konzept ausgemacht, anhand dessen die sonst mit dem „Bewußtsein" assoziierten Probleme nun diskutiert werden. Nicht auszudenken die Niederlage, wenn die „Cognitive Science" mit der „Intentionalität" in eine Sackgasse geriete, die sich ja vermutlich als eine zu frühe Abzweigung von der „Bewußtseinslinie" entpuppen würde. Denn dann hieße es: zurück zum Bewußtsein – und noch einmal von vorn ...

Literatur

BIERI, P. (Hrsg.) (1981): Analytische Philosophie des Geistes. Königstein/Ts.; Hain.
BIERI, P. (1987): Pain: a case study for the mind-body-problem. In: J. BRIHAYE, F. LOEW, H.W. PIA (eds.): Pain: a medical and anthropological challenge. Acta Neurochirurgica Suppl. 38: 157–164.
BORST, C.V. (ed.) (1970): The Mind-Brain Identity Theory. London/Basingstoke; Macmillan.
BURGE, T. (1979): Individualism and the mental. Midwest Studies in Philosophy 4: 73–121.
CHURCHLAND, P.M. (1985): Reduction, qualia, and the direct introspection of brain states. Journal of Philosophy 82: 8–28.
DAVIDSON, D. (1970): Mental Events. In: ders.: Essays on Actions and Events. Oxford; Clarendon Press (1980): 207–225.
DAVIDSON, D. (1987): Knowing one's own mind. Proceedings and Addresses of the American Philosophical Association (1987): 441–458.
DENNETT, D. (1987): The Intentional Stance. Cambridge, Mass.; MIT Press.
FODOR, J.A. (1987): Psychosemantics. The Problem of Meaning in the Philosophy of Mind. Cambridge, Mass.; MIT Press.
FODOR, J.A., PYLYSHYN, Z.W. (1988): Connectionism and cognitive architecture: A critical analysis. Cognition 28: 3–71.
HEIL, J. (1988): Privileged Access. Mind 97: 238–251.
KIM, J. (1987): ‚Strong' and ‚Global' Supervenience Revisited. Philosophy and Phenomenological Research 48: 315–326.

KURTHEN, M. (1988): Ein heuristisches Prinzip für die Neurowissenschaften. In: LINKE, D.B., KURTHEN, M.: Parallelität von Gehirn und Seele. Stuttgart; Enke: 53–99.

KURTHEN, M. (1989): Qualia, Sensa und absolute Prozesse. Zu W. Sellars' Kritik des psychozerebralen Reduktionismus. Zeitschr. f. Allg. Wissenschaftstheorie (im Druck).

KURTHEN, M., LINKE, D.B. (1989): Androiden-Behaviorismus. Kriterien der Bewußtseinszuschreibung bei natürlichen und künstlichen „kognitiven Systemen". In: BECKER, B. (Hrsg): Zur Terminologie in der Kognitionsforschung. St. Augustin; GMD: 256–272.

KURTHEN, M., MOSKOPP, D., LINKE, D.B., REUTER, B.M. (1989): The locked-in syndrome and the behaviorist epistemology of other minds. Theoretical Medicine (im Druck).

MILLIKAN, R.G. (1986): Thoughts without laws: cognitive science with content. Philosophical Review 95: 47–80.

NEWELL, A. (1980): Physical Symbol Systems. Cognitive Science 4: 135–183.

NEWELL, A. (1982): The Knowledge Level. Artificial Intelligence 18: 87–127.

PUTNAM, H. (1975): The meaning of ‚meaning'. In: ders.: Mind, Language, and Reality. Cambridge; Cambridge Univ. Press: 215–271.

PYLYSHYN, Z.W. (1984): Computation and Cognition. Toward a Foundation for Cognitive Science. Cambridge, Mass.; MIT Press.

QUINE, W.v.O. (1975): Ontologische Relativität und andere Schriften. Stuttgart; Reclam.

QUINE, W.v.O. (1985). Theorien und Dinge. Frankfurt a.M.; Suhrkamp.

RORTY, R. (1970): Incorrigibility as the mark of the mental. Journal of Philosophy 67: 406–424. Dt. Übers. in BIERI, P. (Hrsg.) (1981): Analytische Philosophie des Geistes. Meisenheim; Hain: 243–260.

RORTY, R. (1981a): Der Spiegel der Natur. Eine Kritik der Philosophie. Frankfurt a.M.; Suhrkamp.

SAYRE, K.M. (1986): Intentionality and information processing: An alternative model for cognitive science. Behavioral and Brain Sciences 9: 121–166.

SEARLE, J.R. (1980): Minds, brains, and programs. Behavioral and Brain Sciences 3: 417–424.

SELLARS, W. (1956): Empiricism and the philosophy of mind. In: FEIGL, H., SCRIVEN, M. (eds.): Minnesota Studies in the Philosophy of Science, Vol. 1. Minneapolis; Univ. of Minnesota Press: 253–329.

SELLARS, W. (1974): Meaning as functional classification. Synthese 24: 417–437.

SELLARS, W. (1979): Naturalism and ontology. Reseda, Cal.; Ridgeview.

SMOLENSKY, P. (1988): On the proper treatment of connectionism. Behavioral and Brain Sciences 11: 1–74.

STAMPE, D. (1986): Verificationism and a causal account of meaning. Synthese 69: 107–137.

WITTGENSTEIN. L. (1977): Philosophische Untersuchungen. Frankfurt a.M.; Suhrkamp.

5 Möglichkeiten und Grenzen behavioristischer Kriterien der Bewußtseinszuschreibung: das totale Locked-in Syndrom

5.1 Einführung

Die zeitgenössische sprachanalytische Philosophie des Geistes steht – zumindest dem Anspruch nach – in enger Beziehung zur modernen Hirnforschung. Speziell die materialistische Theorie des Geistes war nicht zuletzt durch die beeindruckenden Ergebnisse der Neurowissenschaft inspiriert. In den letzten Jahren ging die „Interdisziplinarität" so weit, daß auch Philosophen substantielle Beiträge zu genuin neurowissenschaftlichen Problemen lieferten. Beispielhaft wäre hier P.M. CHURCHLAND (1981, 1984, 1986) zu nennen, der ausgehend von einer elaborierten Version des eliminativen Materialismus speziell über vektorielle („Phasenraum-")Repräsentationen im Gehirn gearbeitet hat.

Umgekehrt versuchten die Neurowissenschaftler, die philosophischen Prämissen und Konsequenzen ihrer Arbeit zu bedenken; dies geriet gelegentlich zu einer regelrechten *Suche nach dem Geist (oder „bewußten Ich") in den zerebralen Netzwerken.* Daß diese Suche allerdings nicht immer philosophisch fruchtbar gewesen ist, zeigt z. B. der implausible Interaktionismus des späten ECCLES (in POPPER und ECCLES 1977; zur Kritik s. KURTHEN 1988 und P.S. CHURCHLAND 1986: 319f).

Auch im folgenden soll ein Problem diskutiert werden, das einen interdisziplinären Lösungsansatz benötigen dürfte: ich meine das Problem der Fremdzuschreibungen von Bewußtsein. In erster Annäherung: wenn es mir *im alltäglichen Leben* auch offensichtlich und unbezweifelbar erscheinen mag, daß andere Menschen Bewußtsein haben (wie ich!), so wird diese Alltagsevidenz doch zu einem vertrackten Problem, sobald ein philosophischer oder auch klinischer Kontext gewählt wird. Denn so *gewiß* mir das Vorkommen von Bewußtsein „in" anderen Menschen auch sein mag, so unmöglich scheint gleichzeitig die *Verifikation* von Aussagen über Fremdbewußtsein zu sein (s.u.). Dies ist das berüchtigte „Problem des Fremdseelischen" („other minds problem"; im folgenden „OMP"), das in der sprachanalytischen Philosophie und speziell in der Auseinandersetzung mit dem späten WITTGENSTEIN (1977) kontrovers diskutiert wurde. Die klinischen Probleme haben prima facie einen unklaren epistemologischen Status, denn selbst wenn das OMP in bezug auf „normale" Subjekte gelöst wäre, bliebe das Problem bestehen, wie wir das Vorkommen von Bewußtsein bei Patienten mit zerebralen Läsionen bestimmen können – Patienten, die eben nicht das typische „Bewußtseinsverhalten" an den Tag legen, an das wir gewöhnt sind. Das erstaunlichste Beispiel eines Bewußtseins ohne Verhaltensausdruck ist das „totale Locked-in Syndrom" (im folgenden: TLIS), bei welchem das u.U. ganz erhaltene Bewußtsein mit einer vollständigen Irresponsibilität aufgrund eines Ausfalls der motorischen Bahnen des unteren Hirnstamms kombiniert ist (s.u.). Wie kann man einen Patienten im TLIS von einem Komatösen unterscheiden?

Im folgenden Abschnitt möchte ich argumentieren, daß die Signifikanz des TLIS nicht angemessen gewürdigt wird, wenn man es lediglich einem „Unterproblem" des allgemeinen OMP zuordnet (einem „OMP pathologischer Fälle" etwa). Es wird sich vielmehr zeigen, daß die klinischen *und* philosophischen Überlegungen an einem entscheidenden Punkt zusammenlaufen: bei der Frage nämlich, ob das OMP im Rahmen des *Behaviorismus* gelöst werden kann. Ich werde einige klinische Konzepte von „Bewußtsein" und „Koma" vorstellen und das TLIS gewissermaßen als Prüfstein für behaviorale Bewußtseinskriterien einführen. Im nächsten Abschnitt (5.3) werden die schon klassisch zu nennenden Überlegungen WITTGENSTEINS zum OMP rekonstruiert und mit neueren Versuchen zu diesem Thema verglichen. Hier wird es wichtig sein, darüber Aufschluß zu gewinnen, ob ein wie auch immer gearteter Behaviorismus des Fremdseelischen unausweichlich ist. Abschließend (5.4) wird dann der epistemologische Status des Bewußtseinsbegriffs in klinischen und philosophischen Zusammenhängen untersucht. Es wird gezeigt werden, daß wir auf den behavioristischen Köder nicht anbeißen müssen, wenn wir nur die Vorstellung aufgeben, das Bewußtsein sei eine Art zusätzlicher Entität (oder ein eigener Zustand), die/der einem lebenden menschlichen Organismus jeweils zuzuschreiben ist. Stattdessen sollten wir das OMP in zwei Probleme aufspalten und nicht länger fragen: „Wie kann ich wissen (oder: sicher sein), daß andere Menschen Bewußtsein haben?", sondern lieber 1. „Wie ist der Zustand des *Gehirns* dieser bestimmten Person zu charakterisieren – funktional wie strukturell?", und 2. „Ist dieser bestimmte menschliche Organismus *als Ganzes* in einem Zustand, der es nahelegt, ihn in jeder Beziehung wie ein menschliches Wesen zu behandeln?".

5.2 Klinische Konzepte von „Bewußtsein" und „Koma":
Das TLIS als Herausforderung für den Behaviorismus

5.2.1 Bewußtsein und Koma

Wie wird der Begriff des Bewußtseins in der klinischen Neurologie (und Neurochirurgie) bestimmt? Verständlicherweise haben die Kliniker sich meist auf angemessene Beschreibungen des gestörten bzw. ganz „ausgefallenen" Bewußtseins konzentriert, ohne dabei immer eine detaillierte Definition von „intaktem Bewußtsein" mit anzugeben (in stärker theoretisch orientierten Disziplinen wie der Neurophysiologie und der Psychopathologie wurde das Bewußtsein – als intaktes Bewußtsein – stärker thematisiert). Die meisten Versuche, „Bewußtsein" für neurologische Zusammenhänge zu definieren, können als *mentalistisch* oder *behavioristisch* klassifiziert werden. Die mentalistischen Definitionen spielen allerdings in der klinischen Praxis keine bedeutende Rolle; sie liefern eher metaphorische und nicht selten auch zirkuläre Beschreibungen. Wenn z. B. Bewußtsein beschrieben wird als „the state by which the brain knows the world's material objects and its own response to those objects" (SAPER und PLUM 1985), kann dies kaum als *Definition* gelten, denn der dem Gehirn zugeschriebene Zustand des Wissens setzt Bewußtsein voraus, statt es zu erklären (es sei denn, man läßt ein Wissen zu, von dem der Wissende selbst nichts weiß; dies ist ein recht diffiziles philosophisches Problem). Weitere Beispiele für mentalistische Definitionen von „Bewußtsein" mit versteckter (oder offener) Zirkularität wären „...consciousness is the state of awareness of the self and the environment" (PLUM und POSNER 1980: 1) oder „... that function of the nervous system which is concerned with the perceptual experience of information..." (JOUVET 1969: 62): beide Autoren verwenden mentalistische Ausdrücke (awareness, experience), deren Definitionen selbst wiederum irgendeinen Bewußtseinsbegriff voraussetzen würden. Darüber hinaus sind solche allgemeinen mentalistischen Konzeptionen wenig hilfreich in aktuellen klinischen Situationen, in denen der Bewußtseinszustand eines, sagen wir, Schädel-Hirn-Verletzten schnell und zuverlässig ermittelt werden muß.

Hier ist ein behavioristischer Ansatz vielversprechender, demzufolge die Bewußtseinslage des Patienten ausschließlich auf der Grundlage von Verhaltensäußerungen beurteilt werden kann. „Bewußtsein" könnte dann definiert werden als die Fähigkeit, angemessen auf bestimmte Reize zu reagieren sowie bestimmte Verhaltensmuster auch ohne aktuelle Reize zu produzieren. Wenn wir „Koma" einfach als „Verlust des Bewußtseins" definieren, gelangen wir zu eindeutigen und leicht zu überprüfenden Merkmalen des Komas, die als „Abwesenheit von bewußtem Verhalten" zusammengefaßt werden können. Dabei steckt im „bewußten Verhalten" keine Zirkularität, da „bewußt" hier zu verstehen ist als eine Abkürzung einer Liste von Verhaltensmustern. Eine strikt mentalistische Definition des Komas als, sagen wir, „Abwesenheit von Aufmerksamkeit sowie von Wissen um das Selbst und die Umwelt" ist von geringem klinischen Wert. Die Auswahl der entscheidenden behavioralen Anzeichen des Bewußtseins (und des Komas) ist – in gewissen Grenzen – eine Konvention. Dieser Umstand drückt sich auch in den Unterschieden zwischen den zahlreichen „Komaskalen" aus, die derzeit verwendet werden. Aus offensichtlichen klinischen Gründen genügt es nicht, einfach zwischen „intaktem" und „ganz ausgefallenem" Bewußtsein zu unterscheiden; einige klinisch bedeutsame Zwischenstadien müssen ebenfalls erfaßt werden (etwa die als „Somnolenz", „Stupor" etc. bezeichneten Zustände; diese traditionelle Terminologie ist allerdings uneinheitlich und wenig standardisiert). Außerdem kann das „Koma" selbst noch in verschiedene Grade unterteilt werden, je nachdem, wie zielgerichtet z. B. die „unbewußten" motorischen Antworten auf bestimmte Reize noch sind. Die meisten Komaskalen klassifizieren auf der Basis von Antworten auf verbale und schmerzhafte Reize. Die vielbenutzte „Glasgow Coma Scale" (TEASDALE und JENNETT 1974; JENNETT und TEASDALE 1977) bezieht sich im wesentlichen auf drei Verhaltensaspekte und unterscheidet diverse Grade der Beeinträchtigung, denen jeweils ein numerischer Wert zugeordnet wird; aus der Summe der Einzelwerte ergibt sich dann der „score". Im einzelnen:

1. *Augenöffnen* mit den möglichen Antworten „spontan", „auf Ansprache", „auf Schmerzreize" und „gar nicht"; belegt mit den Werten „4" bis „1";
2. *Beste motorische Antwort* von der normalen Antwort über vier Stadien der Beeinträchtigung bei schmerzhaften Reizen – von der Reaktion nur zum Ort der Reizung bis zum pathologischen Strecken – bis zur fehlenden Antwort; Werte von „6" bis „1";
3. *Verbale Antwort:* „orientiert", „verwirrt", „ganz inadäquat", „unverständliche Lautäußerungen" und „keine Antwort"; Werte von „5" bis „1".

Das Antwortverhalten des Patienten wird dann als Summe der jeweils erzielten Werte ausgedrückt, und alle Patienten mit einem „score" von „7" und weniger werden als „komatös" angesehen. Andere Skalen wiederum betonen andere Verhaltensaspekte, wobei meist auf das Kriterium der verbalen Antwort (das bei Aphasikern zu Fehlklassifizierungen führt) oder des Augenöffnens verzichtet wird. Die an der Neurochirurgischen Universitätsklinik Bonn eingesetzte eigene Skala (MOSKOPP, RIES, DURWEN und LINKE 1987) z. B. hat sich bei der praktischen Arbeit auf der

Intensivstation als leicht handhabbar und zuverlässig erwiesen. Diese Skala beruht primär auf der Evaluation von motorischen Antworten auf Aufforderungen und schmerzhafte Reize. Das Koma wird unterteilt in Hinblick auf neurologische Zeichen (Beugen, Strecken, Hustenreflex etc.). BRIHAYE et al. (1976) definieren vier Koma-Stadien, die auch an unterschiedlichen neurologischen Defiziten zu erkennen sind (Pupillenreaktionen, Augenbewegungen etc.). Weitere Koma-Skalen finden sich bei SUBCZYNSKI (1975) und STANCZAK et al. (1984).

Diese etwas detailliertere Darstellung der Skalen soll nur die relative Simplizität der Kriterien und die Möglichkeit von Fehleinschätzungen andeuten. Mit dem Übergang von Stadien beeinträchtigten Bewußtseins zu Stadien der Bewußt*losigkeit* verändern sich auch die in den entsprechend „trennscharfen" Skalen aufgeführten Kriterien: während bei nur beeinträchtigtem Bewußtsein die entscheidenden Reizantworten üblicherweise in Common-Sense-mentalistischen Begriffen charakterisiert werden (etwa: „Er versteht die Aufforderung" als Beschreibung einer adäquaten Antwort auf verbale Stimuli), werden bei Bewußtlosigkeit zumindest einige Antworten nichtmentalistisch interpretiert (etwa: „Es scheint eine Hirnstammläsion vorzuliegen" bei der Feststellung pathologischer Pupillenreaktionen). Aber selbst in solchen Fällen erscheint der mentalistische Diskurs nicht völlig unangemessen, denn auch die ungerichtete Schmerzreaktion eines Komatösen kann sinnvoll und verständlich z. B. mit dem Satz „Er will den Nadelstich vermeiden" beschrieben werden. Dabei geht es nicht darum, ob eine solche Charakterisierung „richtig" oder „präzise" ist; es genügt, daß diese Redeweise überhaupt dem Patienten angemessen sein kann. Mit anderen Worten: offensichtlich finden wir nichts Widersprüchliches daran, auch einen Komatösen als ein „intentionales System" – hier: als ein „System" mit Wünschen, Vorlieben, Abneigungen etc. – zu behandeln, obwohl die präzise Einordnung seines Komagrades aufgrund rein neurologischer Daten (und nicht aufgrund von Informationen über seine „inneren, mentalen" Abläufe) erfolgt. Somit stellt sich die Frage, ob diese neurologischen Zeichen nun einen bestimmten Bewußtseinszustand indizieren (und sei es den der Bewußt*losigkeit*), oder ob sie nur Ausdruck pathologischer Prozesse im Organismus sind. Gibt es nur ein „Koma Grad x" oder gibt es ein „tiefes Koma" (wie einen „tiefen Schlaf")?

Verwirrend ist hier gewiß, daß die Rede von den „neurologischen Kriterien des Bewußtseins" die eingefleischte Common-Sense-Intuition verletzt, derzufolge das Reden über das Gehirn etwas völlig anderes ist als das Reden über die Seele oder das Bewußtsein. Unsere alltäglichen Bewußtseinszuschreibungen sind niemals von neurologischen Kriterien abhängig (aber von behavioralen, s.u.). Aber die Tatsache, daß wir viel über neurologische *Korrelate* von Zuständen beeinträchtigten Bewußtseins gelernt haben, kann zu der irrtümlichen Annahme führen, in der klinischen Neurologie könnten wir tatsächlich Bewußtseinszuschreibungen primär auf der Basis neurologischer Anhaltspunkte tätigen. Diese Auffassung verwechselt die kausale Erklärung eines Bewußtseinszustandes mit dessen Feststellung. Wir *diagnostizieren* nicht ein Koma, indem wir auf ein Computertomogramm sehen, sondern die bildgebende Diagnostik hilft uns bei der*Erklärung* des komatösen Zustandes, den wir bereits gemäß der etablierten behavioralen Kriterien zuvor bestimmt hatten (dies gilt nicht im gleichen Sinne beim TLIS, s.u.). Somit könnte man drei Arten von Informationen unterscheiden, die bei der Evaluation der Bewußtseinslage eines Patienten zu berücksichtigen sind:

a) behaviorale Antworten, die meist in einer mentalistischen Sprache interpretiert werden (z. B. verbale Antworten),
b) behaviorale Antworten, die eher in einer nichtmentalistischen Sprache beschrieben werden (z. B. pathologisches Beugen),
c) neurologische Zeichen (z. B. Pupillenreaktionen) und Ergebnisse der apparativen etc. Diagnostik.

Dabei sind die Übergänge zwischen a), b) und c) sicherlich fließend. Des weiteren könnte argumentiert werden: während Informationen aus a) und b) in Hinblick auf die Bewußtseinslage eine primär *diagnostische* Funktion wahrnehmen, dienen Informationen aus c) primär der *Erklärung* dieser Bewußtseinslage, haben aber diagnostische Wertigkeit in bezug auf die zugrundeliegenden pathologischen Mechanismen. Dies würde zeigen, daß unsere derzeit applizierten Konzepte des intakten, gestörten oder ganz ausgefallenen Bewußtseins eine implizite behavioristische Komponente enthalten: die Annahme nämlich, daß die Bewußtseinslage in erster Linie auf der Basis des Patienten*verhaltens* bestimmt werden kann. Informationen aus c) könnten dann nicht als Bewußtseinskriterien fungieren; c) würde allenfalls *Korrelate* von Bewußtsein und Koma repräsentieren.

Diese Argumentation steht nicht nur wegen der verschwommenen Grenzen zwischen a), b) und c) auf wackeligen Beinen (gerichtete Schmerzreaktionen z. B. können unter a) oder b) fallen, Hustenreflexe unter b) oder c)). Der eigentliche Grund für die Unangemessenheit der obigen Unterscheidungen liegt darin, daß die Begriffe des „Verhaltens", des „Mentalen" etc. nicht sorgfältig genug bestimmt sind. Eine Möglichkeit, hier etwas Klarheit zu schaffen, besteht darin, Beispiele für Fälle zu suchen, in denen wir Bewußtseinszuschreibungen ohne Bezug auf behaviorale Anhaltspunkte vornehmen würden.

5.2.2 Das totale Locked-in Syndrom

Ein solches Beispiel scheint mit dem TLIS nun tatsächlich vorzuliegen. Das klassische (nicht totale) Locked-in Syndrom (PLUM und POSNER 1980) ist gekennzeichnet durch einen vollständigen Ausfall der willkürmotorischen Funktionen *mit Ausnahme vertikaler Augenbewegungen (und eventuell Blinzeln)*, verbunden mit erhaltenem Bewußtsein. Die Hauptursache dieses Syndroms ist wohl eine ventrale Infarzierung im Bereich der Pons aufgrund eines Verschlusses der A. basilaris (NORDGREN, MARKESBERY et al. 1971). Ein solcher Infarkt involviert die kortikobulbären wie kortikospinalen Bahnen und die motorischen Kerne der unteren Hirnnerven, aber er kann die weiter dorsal gelegenen Strukturen verschonen, die die supranukleäre okuläre Motorik unterhalten. Auch von anderen Ursachen des Locked-in Syndroms wird berichtet: bilaterale Läsionen der inneren Kapsel (KEANE und ITABASHI 1986, CHIA 1984) und des Pedunculus cerebri (KARP und HURTIG 1974), pontine Tumoren (CHERINGTON, STEARS und HODGES 1976) und Hämorrhagien (LARMANDE et al. 1982) – sogar eine postinfektiöse Polyneuropathie (CARROLL und MASTAGLIA 1979). Die horizontale Blicklähmung ist bedingt durch die Einbeziehung der efferenten Abduzensfasern (PLUM und POSNER 1980), des medialen Längsbündels oder der sog. paramedianen pontinen Formatio reticularis (BAUER, GERSTENBRAND und RUMPL 1979). Kleinere Brückenläsionen können zum sog. „inkompletten Locked-in Syndrom" führen, bei dem einzelne zusätzliche Willkürbewegungen (v.a. fazial) erhalten sind (VIRGILE 1984; BAUER, GERSTENBRAND und AICHNER 1983). Patienten im klassischen Locked-in Syndrom – die leicht als komatös fehleingeschätzt werden können – sind in der Lage, mit ihrer Umwelt etwa über einen „okulären Morse-Code" (FELDMAN 1971) in Kommunikation zu treten, und sie können sogar lernen, Wörter und Sätze auf der Basis eines Ja/Nein-Blinzel-Codes zum Ausdruck zu bringen (FRANK, HARRER und LADURNER 1988).

Ausgedehntere Schädigungen im Bereich der Pons und/oder des Mesenzephalon können schließlich zur völligen Immobilität führen, bei der auch noch das Blinzeln und die vertikalen Augenbewegungen ausgefallen sind: das TLIS (BAUER, GERSTENBRAND und RUMPL 1979; MEIENBERG, MUMENTHALER und KARBOWSKI 1979). Ein Patient im TLIS gibt keine motorische Antwort auf sensorische Reize und zeigt auch keinerlei willkürliche Spontanmotorik. In diesen Fällen ist es also unmöglich, das erhaltene Bewußtsein mit den Mitteln der klinischen Untersuchung – oder generell: auf der Grundlage von Verhaltenskriterien – nachzuweisen. Haben wir dann nicht allen Grund, unsere behavioralen Bewußtseinskriterien durch neurophysiologische Kriterien zu ersetzen? Das Elektroenzephalogramm solcher Patienten zeigt typischerweise einen reagiblen Alpha-Rhythmus über den hinteren Hirnabschnitten (MARKAND 1976; HAWKES und BRYAN-SMITH 1974) im Gegensatz zu der diffus verlangsamten Aktivität, wie wir sie im zerebralen Koma finden. Allerdings können einige Hirnstammläsionen ein echtes Koma mit erhaltenem Alpha-EEG hervorrufen. Aber bei einem solchen „Alpha-Koma" (NEUNDÖRFER, MEYER-WAHL und MEYER 1974) ist der Alpha-Rhythmus mehr fronto-temporal akzentuiert und zeigt keine Blockade beim Augenöffnen oder Reaktion auf Photostimulation (WESTMORELAND et al. 1975). Auch die Ableitung somatosensorisch evozierter Potentiale (SSEP) kann bei der Erhebung des Sensibilitätsstatus von Locked-in-Patienten hilfreich sein (NOEL und DESMEDT 1975). Und wir können des weiteren mutmaßen, daß Ereigniskorrelierte Potentiale wie das P300 (HILLYARD und KUTAS 1983), das als ein Korrelat elementarer kognitiver Prozesse angesehen wird (DONCHIN und ISRAEL 1980), ebenfalls bei TLIS-Patienten nachweisbar sein wird.

Wenn wir nun kurz zum provisorischen Konzept des Behaviorismus hinsichtlich des Fremdseelischen (s.o.) zurückkehren, so scheint es, als werde dieses Konzept durch die TLIS-Fälle unplausibel. Unter dem Etikett des Behaviorismus versteckt sich zwar eine subtilere Doktrin, als hier bislang beschrieben, und wir werden weiter unten den Eindruck gewinnen, daß ein Behaviorismus bezüglich des TLIS-Bewußtseins immer noch möglich ist; aber zunächst sind wir doch geneigt zu sagen, daß eine angemessene Beschreibung des TLIS zumindest einen „Neurophysiologismus bezüglich des Fremdseelischen" erfordert. Aber wiederum ergeben sich ernsthafte Schwierigkeiten. Denn unsere derzeitigen neurophysiologischen „Kriterien" sind weder eindeutig noch sonderlich verläßlich. So sind z. B. EEG-Befunde und motorische Responsibilität bei Pons-Läsionen nicht gut korreliert (CHASE, MORETTI und PRENSKY 1968), und SEP und sogar P300 können auch bei komatösen Patienten nachweisbar sein (REUTER, LINKE, KURTHEN und SCHMALOHR 1988; LINKE, REUTER und SCHMALOHR 1987). Obwohl es einige klinische und experimentelle Anhaltspunkte dafür gibt, daß Hirnstammschäden nur dann ein Koma zur Folge haben, wenn das Tegmentum beidseits mitbetroffen ist (BAUER, GERSTENBRAND und RUMPL 1979), gibt es doch immer wieder Fälle, bei denen wir bezüglich einer Mitbeteiligung des aufsteigenden retikulären Aktivierungssystems unsicher sind. Der in der Literatur beschriebene Fall eines „TLIS" bei einer *postinfektiösen Polyneuropathie* (CARROLL und MASTAGLIA 1979) kann als Gegenbeispiel angeführt werden, denn Kortex und Hirnstamm waren bei diesem Patienten natürlich nicht beeinträchtigt. Aber ausgerechnet dieser Patient zeigte ein nichtreagibles EEG und hätte somit als Alpha-Koma eingeordnet werden müssen!

Das heißt: wenn es auch tatsächlich Fälle gibt, in denen wir Bewußtseinszuschreibungen ohne Bezug auf offenes Verhalten vornehmen, so sind doch die elektrophysiologischen Anhaltspunkte, die die behavioralen ersetzen, nicht von einer solchen Eindeutigkeit und Verläßlichkeit, wie wir sie von Kriterien der Bewußtseinszuschreibung erwarten würden. Damit entsteht die weitere Frage, ob (hypothetische) ganz verläßliche elektrophysiologische (allgemein: neurologische) Anhaltspunkte ein Bewußtseinskriterium bilden könnten. Bevor diese Frage diskutiert wird, seien die Implikationen, die sich aus dem bisherigen Gedankengang für den Behaviorismus ergeben, kurz bedacht. Für den Behavioristen stellt sich ja nun die Frage: „Wie kann ich das ‚Bewußtsein ohne Verhaltensausdruck' erklären?" Und: „Wie kann ich das TLIS-Bewußtsein erklären (womöglich noch bei fehlender zentralnervöser Schädigung)?" Aber *wer, der Behaviorist?*

5.2.3 „Behaviorismen"

Um diesen Gegner besser kennenzulernen, gilt es zumindest zwischen *logischem und methodologischem* Behaviorismus zu unterscheiden. Die Position des logischen Behaviorismus wird durch die *semantische* These bestimmt, Aussagen mit mentalistischen Termen seien bedeutungsäquivalent zu Aussagen ohne mentalistische Terme, oder: alle Aussagen des mentalistischen Diskurses seien übersetzbar in ein Vokabular, das keine mentalistischen Ausdrücke enthielte. Diese Auffassung wird häufig RYLE (1949) zugeschrieben. Heute sind sich die meisten Philosophen darin einig, daß der logische Behaviorismus aus vielerlei Gründen gescheitert ist; so ist niemals eine erschöpfende Analyse unseres mentalistischen Diskurses in behavioristischer Begrifflichkeit vorgelegt worden (s. hierzu allgemein BIERI 1981: 32–35). Methodologischer Behaviorismus ist die *epistemologisch* orientierte These, daß Generalisierungen aus behavioralen Daten zur psychologischen Erklärung generell hinreichend sind, da sie für alle psychologischen Fragestellungen – auch für die prima facie „mentalistischen" – zu adäquaten Antworten führen. Der methodologische Behaviorist nimmt also an, daß eine mentalistische (oder eine „Bewußtseins-")Psychologie einfach überflüssig ist; er leugnet nicht die *Existenz* mentaler oder Bewußtseins-Phänomene, sondern nur ihre Relevanz für die psychologische Erklärung. Der Begriff „methodologischer Behaviorismus" kann auch für eine „enge" Definition der Psychologie selbst stehen als einer Wissenschaft der Kontrolle und Voraussage von Verhalten. SKINNER (1974) argumentiert gelegentlich in dieser Richtung.

Im folgenden werden wir vorwiegend mit dem methodologischen Behaviorismus befaßt sein – und mit einigen neueren, toleranteren Konzeptionen, die den Verifikationismus der frühen „Behaviorismen" aufgegeben haben. In den vergangenen Jahrzehnten hat die kognitivistische Psychologie den lange dominierenden Behaviorismus weitgehend aus der psychologischen „Szene" verdrängt, gelegentlich aber auch nur krass simplifizierte, zurechtkonstruierte Gegner „widerlegt". Eine angemessene Erörterung des OMP erfordert eine Konfrontation mit einer ernstgenommenen und möglichst unvoreingenommen betrachteten behavioristischen Theorie. Unser gleich auftretender fiktiver Behaviorist wird denn auch ein undogmatischer – vielleicht gar opportunistischer – Neobehaviorist sein, der die Argumente, die er benötigt, aus *irgendeinem* „Behaviorismus" zieht.

Wenn wir nun zum klinischen Kontext zurückkehren, können wir der Einfachheit halber die recht schwache behavioristische These betrachten, *daß wir korrekte Bewußtseinszuschreibungen bei hirnverletzten Patienten – das TLIS eingeschlossen – auf der Grundlage behavioraler Anhaltspunkte vornehmen können.* Diese These ist sogleich mit dem bekannten Einwand zu konfrontieren, daß in einem Fall von TLIS *keine behavioralen Anhaltspunkte für Bewußtsein gegeben sind.* Der Behaviorist kann diesem Einwand auf mindestens zwei Weisen begegnen:

a) Er kann das strenge behavioristische Prinzip der temporalen Kontiguität durch ein Konzept der temporalen Korrelation ersetzen. Dies impliziert einen Übergang vom „molekularen" zum „molaren" Behaviorismus, d.h. zu einem Behaviorismus, der es nun mit zeitlich ausgedehnten und einander zugeordneten Mustern aus Verhaltensäußerungen und Umweltereignissen zu tun hat und nicht mehr mit einzelnen „molekularen" Vorkommnissen von beiden (Logue 1985). Denn während die temporale Kontiguität in der Tat für (z. B.) operantes Konditionieren angenommen werden muß, können doch Reizantworten im allgemeinen als Elemente von Verhaltensmustern konzeptualisiert werden, die sich gar aus der frühen Kindheit einer Person bis in ihr Erwachsenenleben erstrecken (Rachlin 1985; Lacey und Rachlin 1978). Allgemein wird als „molarer" Behaviorismus auch die Position bezeichnet, daß eine autonome Wissenschaft vom Verhalten, die unabhängig ist von der Physiologie, sowohl möglich als auch effizient ist. Der Behaviorist, der die Kontiguitätsbedingung aufgibt, sieht natürlich, daß es zwischen den früheren und den späteren Anteilen solcher Verhaltensmuster „verbindende" ZNS-Prozesse in der Kausalkette gibt. Aber er *konzentriert sich* eben auf die Korrelationen zwischen Teilen der Verhaltensmuster selbst (Rachlin 1985). Obwohl Rachlin (Lacey und Rachlin 1978) seinen Behaviorismus als „subcategory of logical behaviorism" charakterisiert, glaube ich nicht, daß z. B. „Molarität" mit dieser semantischen These einhergehen muß.

Damit eine solche „molare" Strategie für das TLIS-Bewußtsein fruchtbar gemacht werden kann, muß sie es ermöglichen, die bewußten Prozesse des TLIS-Patienten in der Begrifflichkeit solcher „Langzeit-Verhaltensmuster" zu erklären. Dies mag gelingen, wenn die Erklärung zu einem Zeitpunkt gegeben wird, an dem der Patient das TLIS überwunden hat und „rückbezügliches bewußtes Verhalten" zeigt, also etwa von einer Abneigung gegen Intensivstationen berichtet, die er sich zu seiner „TLIS-Zeit" erworben habe. Aber wenn der TLIS-Patient stirbt, ohne zuvor motorische Fähigkeiten wiedererlangt zu haben (wie m.W. bislang in allen Fällen geschehen), dann gibt es für den molaren Behavioristen keine Möglichkeit, die „TLIS-Bewußtseinsprozesse" zu erklären (jedenfalls wäre ein molarer Behaviorismus des TLIS-Bewußtseins extrem unpraktisch, denn er könnte uns Anhaltspunkte für das erhaltene Bewußtsein des Patienten erst liefern, wenn es längst zu spät ist. Denn aufgrund des erfolgten Todes gibt es einfach kein „Verhaltensmuster", das diese bewußten Ereignisse umgreifen könnte). – Der Behaviorist könnte dann eine zweite Entgegnung wählen:

b) Diese bestünde darin, die elektrophysiologischen Ereignisse, die als Zeichen des Bewußtseins angesehen werden, *als Elemente des Verhaltens des Patienten zu definieren.* Dieser Schachzug ist nicht so absurd (oder uninteressant), wie es auf den ersten Blick scheinen mag. Die Grenzen zwischen behavioralen und physiologischen Ereignissen sind nicht für alle Zeiten festgelegt; eher sind sie flexibel zu halten im Einklang mit dem jeweiligen Stand der wissenschaftlichen Erkenntnis (ZURIFF 1986). Wenn die gerichtete Abwehrbewegung auf Schmerzreize „Verhalten" ist, dann kann die Herzfrequenzzunahme auf den gleichen Stimulus ebenso gut als „Verhalten" klassifiziert werden. Das gleiche gilt für einen Blinkreflex oder eine Pupillenreaktion; warum also nicht für ein evoziertes Potential oder ein EEG-Arousal? Gewiß, wir sind es nicht gewohnt, ein EP als ein Verhaltenstoken anzusprechen. Dies mag darin begründet sein, daß die alltagssprachliche Vorstellung von „Verhalten" einige Merkmale aufweist, die bei elektrophysiologischen Phänomenen nicht gegeben zu sein scheinen, so z. B.:

- Verhaltensäußerungen sind *äußere* (und nicht *innere*) Phänomene;
- Verhaltensäußerungen sind *beobachtbare* Phänomene;
- Verhaltensäußerungen sind *öffentliche* (und nicht *private*) Phänomene.

Die ersten beiden Merkmale könnten z.B. vom Kognitivisten oder „Neurophysiologisten" bemüht werden, die beide argumentieren könnten, Verhalten selbst sei zu erklären im Rückgriff auf zugrundeliegende – und kausal vorgängige – interne Informationsverarbeitungsprozesse (BLOCK 1981) oder elektrophysiologische Ereignisse im Gehirn. Das dritte Merkmal kontrastiert eigentlich Verhalten mit *mentalen*, nicht mit neurophysiologischen Ereignissen, denn die letzteren sind niemals „privat" gewesen – in dem Sinne, daß nur die Person, in der sie vorkommen, ihrer direkt gewahr sein kann –, sondern (zumindest potentiell) immer schon öffentlich – in dem Sinne, daß sie grundsätzlich auch anderen Personen in gleicher Weise zugänglich sein können. Hier gibt es keine epistemologische oder ontologische Kluft, die zu überbrücken wäre. Die Behavioristen müssen jedenfalls dafür halten, daß private Ereignisse nicht wesentlich nicht-öffentlich sind, denn eine behavioristische Theorie sollte nicht einfach behaviorale *Kriterien* des Bewußtseins liefern, sondern eine Erklärung des Bewußtseins (und, allgemein, des Mentalen) *als Verhalten.*

Die beiden ersten Merkmale könnte der Behaviorist mit dem Hinweis kommentieren, daß das Argument der „kausalen Vorgängigkeit" scheitert, da neurophysiologische und kognitive Ereignisse ihrerseits Umweltereignisse als kausale Antezedentien haben: die Kausalkette führt rückwärts aus dem Innen wieder ins Außen (SKINNER 1953 und 1963). Und die Innen/Außen-Dichotomie ist ohnehin nicht essentiell, da Ereignisse „unter der Haut" nicht prinzipiell von solchen „außerhalb" unterschieden sind; beide Klassen von Ereignissen könnten behavioristisch nomologisch beschrieben werden. Der Neobehaviorist (SUPPES 1975) sieht kein Problem darin, interne Strukturen als hypothetische Konstrukte zu tolerieren (ZURIFF 1986), solange diese nur an die fundamentalen Gesetzmäßigkeiten des Verhaltens angebunden bleiben. Darüber hinaus kann der Behaviorist die Existenz von verborgenen Reizen und Antworten hinnehmen – Antworten, die zudem unter differenten Beobachtungsbedingungen offen und direkt beobachtbar werden können. Denn auch die Unterscheidung des Beobachtbaren vom Nichtbeobachtbaren trennt nicht für alle Zeiten dieselben Klassen von Entitäten: da elektrophysiologische Zeichen des Bewußtseins grundsätzlich auch einmal den Status einer unproblematischen – in der „Science-fiction-Neurophysiologie" sogar einer alltäglichen – Beobachtbarkeit erlangen könnten, spricht nichts dagegen, sie als Elemente des Verhaltens anzusehen – abgesehen davon, daß durchaus nicht entschieden ist, ob ein nicht unproblematisch beobachtbares Geschehen auch als „Verhalten" gelten könnte. Daher ist es nicht „falsch" (obgleich ungewöhnlich), den reagiblen Alpha-Rhythmus des TLIS-Patienten als Teils eines Verhaltens anzusehen.

Aber diese Strategie scheint immer noch unplausibel oder gar witzlos zu sein, denn ein gründliches Verständnis z. B. der EEG-Genese erfordert doch detaillierte Kenntnisse der entsprechenden Hirnprozesse, nicht des (bislang anders verstandenen) *Verhaltens.* Wenn auch alle Hirnprozesse zu „Verhalten" werden, worin liegt dann noch die Pointe des Behaviorismus? Offenbar beginnen die ideologischen Differenzen zwischen Behaviorismus, Kognitivismus und „Neurophysiologismus" zu verschwimmen. Der Behaviorist spricht über innere Prozesse unter dem Etikett der „verborgenen Antworten" etc., und er leugnet damit faktisch nicht länger die Relevanz physiologischer Erklärungen. Allerdings – so mag er noch beharren – fehlt dem Neurophysiologen einfach ein gut strukturiertes Ganzes von zu erklärenden „Fakten", wenn keine unabhängige experimentelle Analyse von Verhalten zugrundegelegt wird (SKINNER 1974). Es scheint, daß all die ursprünglichen Rivalitäten zu bloßen Differenzen in wissenschaftlichen Zielsetzungen und Interessen abblassen: während Behavioristen noch immer vornehmlich mit der *Vorhersage und Kontrolle von Verhalten* befaßt sind, bemühen sich die Kognitivisten eher um die Darstellung der internen Mikrogenese solchen Verhaltens (SUPPES 1975). Wie ZURIFF (1986) überzeugend darlegte, ist es nicht leicht, einen dieser Ansätze zugunsten des anderen abzuqualifizieren.

Wie auch immer: zumindest wird klar, daß es nicht grundsätzlich unmöglich ist, das TLIS-Bewußtsein im Rahmen einer neobehavioristischen Theorie zu erklären. Unsere derzeitige Praxis der Bewußtseinszuschreibung auf der Grundlage neurologischer (meist elektrophysiologischer) Anhaltspunkte bei TLIS-Patienten kann innerhalb eines behavioristischen Begriffsgefüges (im weiteren Sinne) beschrieben werden. *Welche Beschreibungsebene* wir letztlich bevorzugen werden, hängt teilweise von zukünftigen Forschungsergebnissen ab, teils wird es auch eine „Geschmackssache" sein (sofern sich überhaupt mehrere Alternativen bieten). Und das antibehavioristische Argument, daß beim TLIS kein Verhalten *existiert,* welches „Ausdruck" des Bewußtseins sein könnte, ist auch in anderer Hinsicht nicht zufriedenstellend: eine behavioristische Erklärung des TLIS kann Aussagen über den *Verlust* oder die *Abwesenheit* von Reizantworten ebensogut enthalten wie Aussagen über das *Vorkommen* dieser Antworten. Wenn zusätzliche Informationen einbezogen werden (Anamnese, klinischer Zustand, Röntgenbefunde etc.), kann der Ausfall motorischer Fähigkeiten sogar ein entscheidender Hinweis sein für die – immer noch behavioristisch gestellte – Diagnose des „erhaltenen Bewußtseins".

Damit ist der Kern unseres Problems allerdings immer noch nicht erreicht. Denn die eigentliche epistemologische Problematik der Bewußtseinszuschreibung bei unserem paradigmatischen TLIS-Patienten hat weniger mit Unterschieden zwischen behavioralen und elektrophysiologischen Zeichen des Bewußtseins zu tun, als vielmehr mit den Beziehungen zwischen „extrinsischen" (behavioralen *und* physiologischen) und „intrinsischen" (phänomenalen und „privaten") Aspekten des Bewußtseins. Wir sind hier wieder an dem Punkt angelangt, von dem aus wir oben den kleinen Ausflug in die behavioristische Theorielandschaft begonnen hatten. Dort hatten wir gesehen, daß die elektrophysiologischen „Kriterien" des Bewußtseins bei Fällen von TLIS viel unzuverlässiger sind als die etablierten behavioralen Kriterien, die wir üblicherweise verwenden. Diese Tatsache wiegt noch schwerer dadurch, daß die meisten – wenn nicht alle – TLIS-Patienten sterben, ohne irgendwelche motorischen Fähigkeiten wiedererlangt zu haben: wir können unsere Hypothesen über ihr „erhaltenes Bewußtsein" nicht „verifizieren", indem wir sie „nachher" *fragen.* Vereitelt dies nicht von Beginn an all unsere Versuche, ein elektrophysiologisches Kriterium des Bewußtseins zu bestimmen? In der obigen Diskussion hatten wir die Behandlung der Frage angekündigt, ob ein (hypothetisches) perfektes elektrophysiologisches (oder im weiteren Sinne behavioristisches, wie man jetzt auch sagen könnte) Anzeichen überhaupt als Kriterium des TLIS-Bewußtseins qualifiziert sein könnte. Die Antwort dürfte „ja" sein, insofern solche Anhaltspunkte die Basis einer funktionierenden Praxis der Diagnose des TLIS sein könnten. Aber das ungute Gefühl, daß wir uns in manchen Fällen mit der Bewußtseinszuschreibung dennoch irren könnten, würden wir nicht loswerden, denn die Antwort ist „nein", wenn der Sinn der Frage war, ob *wir* jemals letzte Gewißheit bezüglich der Bewußtseinslage des TLIS-Patienten haben können. Im Rahmen des Common Sense könnten wir geneigt sein, folgendermaßen zu argumentieren: „Da der TLIS-Patient *selbst* die einzige Person ist, der sinnvoll eine direkte und untrügliche Gewißheit für das erhaltene Bewußtsein zukommen kann, und da der Patient uns dies nicht mitteilen kann, werden *wir* hinsichtlich seines Bewußtseinszustandes niemals völlige Gewißheit haben".

Aber auch dieses Argument trägt nicht sehr weit, denn wenn wir wirklich im Besitz perfekter neurophysiologischer Kriterien wären, hätten wir gar keinen Grund, diese zugunsten der verbalen Mitteilungen des Betreffenden zu verabschieden. Wenn das Common-Sense-Argument zutrifft, daß nur der Patient selbst seines Bewußtseinszustandes direkt gewahr ist, dann haben verbale Berichte (von Gesunden) und EEG-Arousals (von TLIS-Patienten) keinen wesentlich unterschiedlichen epistemologischen Status: sie sind beide bloße Indikatoren des Bewußtseins der jeweils anderen Person. Die obige „Unmöglichkeit der Mitteilung" kann also keine nennenswerte Rolle spielen. Aber ist es nicht dennoch so, daß nur der Gesunde – ebenso der TLIS-Patient – selbst direkt und untrüglich weiß, daß er Bewußtsein hat, und ist insofern nicht in allen Fällen die epistemologische Situation bei Fremdzuschreibungen von Bewußtsein ähnlich? Vielleicht erfordert die Diskussion der Bewußtseinskriterien bei TLIS-Patienten doch eine vorgängige Untersuchung der Epistemologie der Bewußtseinszuschreibungen bei Normalpersonen. Können Aussagen über das Bewußtsein Anderer überhaupt „verifiziert" oder bestätigt werden? – Dies mag die erste Fassung des OMP sein, welches wir nun in den hier relevanten Aspekten diskutieren wollen.

5.3 Das Problem des Fremdseelischen, oder: Wie man mit dem Skeptiker fertig wird

5.3.1 Fremdseelisches und epistemische Autorität

Wenn wir das OMP als die Frage nach der *Verifikation* von Aussagen über Fremdseelisches nehmen, geraten wir schnell in Schwierigkeiten. FEIGL (1958: 978) schildert dies eindrücklich: „The philosophical trouble with inferring another person's mental states consists in the impossibility of an independent, direct check-up. There seems to be no criterion, in the sense of necessary and sufficient conditions, which would enable one person to convince himself conclusively of the actual occurrence of mental states on the part of the other person. The analogical argument concerning other minds thus differs fundamentally from the ordinary type of analogical inference. In the ordinary cases *direct* evidence can be obtained for the truth of the conclusion. If we reason, for example, from the many similarities between two human bodies and the presence of a brain in one of them, to the presence of a brain in the other, the conclusion by itself is clearly open to direct (surgical) examination. In any case, it is safe to say that the conclusion may be verified with the same degree of certainty that attaches to the premises of the analogical argument. But if person A, on the basis of the regular concomitance of his own mental states with certain aspects of his behavior (or ultimately with his brain processes) infers similar mental states as concomitant with the other person's, i.e., B's, behavior (or brain processes), then he cannot by any known or even conceivable procedure convince himself to the truth of his conclusion, – certainly not in the manner he can know the truth of the premises of his analogical argument."

Die Konklusion des Analogie-Arguments kann nicht den gewünschten „Grad an Gewißheit" haben, weil grundsätzlich nur indirekte (eben behaviorale) Anhaltspunkte zur Verfügung stehen. Nur in der „1.Person-Erfahrung" kann es den direkten Aufweis von Korrespondenzen zwischen mentalen und behavioralen (oder zukünftig vielleicht: zerebralen) Zuständen geben. Wenn also der Verifikationismus beibehalten wird, werden Aussagen über Fremdseelisches faktisch bedeutungslos. Wenn wir dieses Ergebnis vermeiden wollen, müssen wir den Verifikationismus fallenlassen und argumentieren, es könne wahre Meinungen über die mentalen Zustände Anderer geben, die nicht verifiziert werden müssen, weil sie Gegenstand eines alternativen Vorgehens epistemischer Rechtfertigung sind. Wir könnten dann das OMP allgemeiner formulieren: „Wie sind unsere Meinungen bezüglich des Fremdseelischen epistemisch gerechtfertigt?" So reformuliert, kann das OMP nun in Anlehnung an WITTGENSTEIN diskutiert werden. In FEIGLS Aufsatz wurde auf die beiden wichtigsten Aspekte schon hingewiesen:

a) die Insuffizienz des Analogie-Arguments. Nach FEIGL scheitert dieses Argument, weil seine Konklusion nicht mit dem „Gewißheitsgrad" verifiziert werden kann, der seinen Prämissen zuzuteilen ist. Es gibt allerdings noch stärkere Einwände gegen das Analogie-Argument, denen zufolge in Hinblick auf das OMP ein Analogieschluß nicht einmal sinnvoll zu denken ist (s.u.).

b) Die Differenz der jeweils begründenden Aufweise zwischen Selbst- und Fremdzuschreibungen von mentalen Zuständen oder von Bewußtsein. Wie FEIGL bemerkte, ist diese Differenz üblicherweise als die zwischen „direkten" und „indirekten" Anhaltspunkten charakterisiert. Und es gibt weitere Kennzeichnungen der „1.Person-Erfahrung", die sich aufdrängen: ist solche Erfahrung nicht „unmittelbar", „nichtinferentiell", sogar „unkorrigierbar"? Ohne eine Analyse der jeweils unterstützenden Aufweise und Anhaltspunkte ist das OMP nicht zu lösen. Vor allem gilt es zu klären, in welchem Sinne 1.Person-Erfahrung epistemisch privilegiert ist (qua Privatheit, privilegiertem Zugang oder direkter Bekanntschaft) und warum ein Wissen um Fremdseelisches in dieser Hinsicht „unterprivilegiert" ist. Man stelle sich noch einmal eine utopische Neurophysiologie vor, die „perfekte" Anhaltspunkte für das Vorkommen von Bewußtsein zur Verfügung stellt. Dann der Fall eines motorisch unresponsiblen Patienten, den wir als „bewußtlos" klassifizieren gemäß diesen elektrophysiologischen Kriterien. Wenn nun dieser Patient motorische Fähigkeiten wiedererlangte und uns signalisierte, er sei die ganze Zeit über bei Bewußtsein gewesen? Und, allgemeiner: was wäre, wenn unsere perfekten neurophysiologischen Aufweise einem wahrhaftigen introspektiven Bericht einer Normalperson über, sagen wir, das Vorkommen einer Schmerzempfindung, widersprächen? Diese Frage stellte schon BAIER (1970) in seiner Kritik der Identitätstheorie des Mentalen. Er meinte, da introspektive Berichte unkorrigierbar seien (in dem Sinne, daß nicht denkbar ist, daß jemand sich bezüglich des Vorkommens seiner eigenen Schmerzempfindung regelrecht „irrt"), seien sie auch zwangsläufig Berichte von etwas „Privatem" – und nicht etwa von Gehirnprozessen. Solche Überlegungen zeigen die Notwendigkeit einer Theorie der epistemischen Autorität.

5.3.2 Wittgensteins Vorgaben

WITTGENSTEINS Behandlung des OMP hat den Rahmen für die weiteren Diskussionen festgelegt. Die Hauptlinien seines Arguments finden sich in den §§ 244–351 der „Philosophischen Untersuchungen" (im folgenden: PU; die Zitate aus diesem Text sind mit der Nummer des jeweiligen Paragraphen versehen). Namhafte Exegeten wie KRIPKE (1982) und MALCOLM (1963) haben WITTGENSTEINS Darlegungen als den Versuch gewertet, dem skeptischen Argument zu begegnen, Meinungen über Fremdseelisches könnten epistemisch nicht gerechtfertigt werden. In WITTGENSTEINS Philosophie des Geistes ist das OMP auch eng mit der Frage verknüpft, ob oder in welchem Sinne 1.Person-Erfahrung epistemisch privilegiert ist. So wird das OMP häufig als eine Art „hilfreiches Beispiel" diskutiert im Zusammenhang mit den verwickelten Überlegungen zur (Un-)Möglichkeit einer „Privatsprache", also einer Sprache, die nur dem verständlich ist, dessen private innere Episoden bzw. Ereignisse ihre Terme (durch einsame Konvention) bezeichnen (für neuere Diskussionen dieses umstrittenen Arguments siehe KRIPKE 1982, BLACKBURN 1984, BAKER und HACKER 1984 und LANGE 1987). WITTGENSTEINS Lieblingsbeispiel ist hier die Schmerzempfindung („Wie kann *ich* wissen, daß *er* einen Schmerz empfindet?" etc.), und wir werden dieses Beispiel kurz aufnehmen, um dann zum allgemeineren Bewußtseinsproblem zurückzukehren. Im folgenden werden WITTGENSTEINS Argumente zum OMP in den PU grob rekonstruiert, indem zunächst die Position eines fiktiven Opponenten beschrieben wird, welche WITTGENSTEIN dann zu überwinden sucht (ich übernehme gelegentlich den Gang der Darstellung in KURTHEN 1984).

Der Opponent würde behaupten:

a) Schmerz ist ein privates mentales Ereignis: „Schmerz" bezieht sich auf Schmerzempfindungen, und über diese Empfindungen spreche ich, wenn ich über „meinen Schmerz" spreche. Die Bezugnahme auf Schmerzempfindungen bestimmt die Bedeutung von „Schmerz" für mich; also ist mein Schmerzbegriff eng mit meiner Schmerzempfindung verknüpft.

b) Da nur ich „meine Schmerzempfindungen habe", kann auch nur ich unmittelbar um meine Schmerzempfindungen wissen. Und da Andere sich mit „Schmerz" auf *ihre* Schmerzempfindungen beziehen, kann ich nur indirekte Information über ihre Schmerzempfindungen erhalten (über ihr Schmerzverhalten), so daß ich genau genommen immer nur *annehmen* kann, daß Andere Schmerzen haben.

Der „rekonstruierte WITTGENSTEIN" beginnt mit einem Kommentar zu b): Dort (in b) wird impliziert, daß ich aus meiner 1.Person-Erfahrung weiß, was „Schmerz" bedeutet. Also muß ich von meinem eigenen Fall ausgehen, um dann Anderen sinnvoll Schmerzempfindungen zuschreiben zu können. Dies führt zum Analogie-Argument: um zu verstehen, was ein Anderer empfindet, wenn er einen Schmerz hat, nehme ich an, daß er dieselbe Empfindung hat wie ich, wenn ich Schmerzen habe. Aber die Analogie ist aus mindestens zwei Gründen mißglückt:

erstens bedeutet „Schmerz" (s. a)) „Schmerz, der von mir verspürt wird" und kann somit nicht ohne weiteres Anderen zugeschrieben werden als „Schmerz, der nicht von mir verspürt wird" (PU 302). Denn ich könnte mir allenfalls vorstellen, daß *ich* einen Schmerz in *seinem* Körper spüre (was Unsinn wäre), und zweitens gibt es kein Kriterium für die Gleichheit der beiden Empfindungen, wie WITTGENSTEIN in einem bekannten Abschnitt (selbst analogisierend) illustriert: „Es ist, als sagte ich: „Du weißt doch, was es heißt ‚Es ist hier 5 Uhr'; dann weißt du auch, was es heißt, es sei 5 Uhr auf der Sonne. Es heißt eben, es sei dort ebensoviel Uhr wie hier, wenn es hier 5 Uhr ist." Die Erklärung mittels der *Gleichheit* funktioniert hier nicht. Weil ich zwar weiß, daß man 5 Uhr hier „die gleiche Zeit" nennen kann, wie 5 Uhr dort, aber eben nicht weiß, in welchem Falle man von Zeitgleichheit hier und dort sprechen soll."

Sowohl im „5-Uhr-auf-der-Sonne-Fall" wie auch im „Sein-Schmerz-Fall" gibt es keine Möglichkeit, die Gleichheit der je beiden Zustände in Erfahrung zu bringen, denn dafür wäre es erforderlich, ein Vermittelndes, etwa vergleichbare „Umstände" vorzufinden. Dies führt aber in beiden Fällen nicht zum Ziel: auf der Sonne verhindern die spezifischen Umstände (das Herausfallen aus terrestrischen Zeitzonen) gerade die Definition von „5 Uhr", und für die „Schmerzen des Anderen" würde die Annahme, äußere Umstände könnten ein Kriterium der Gleichheit liefern, die Prämisse verletzen, die Bedeutung von „Schmerz" sei privat festgelegt – durch Bezugnahme auf Schmerzempfindungen. Das Analogie-Argument ist nicht stichhaltig. Da wir nur aufgrund der Annahmen in b) auf dieses Argument angewiesen waren, sollten wir also versuchen, ohne b) auszukommen. Dies fällt nicht schwer, denn während es doch trivialerweise wahr ist, daß nur ich meine Schmerzempfindungen *habe,* ist es aber reichlich irreführend zu sagen, hier sein ein „Wissen" im Spiel. Genau genommen, ergibt es gar keinen Sinn zu sagen: „Ich weiß, daß ich einen Schmerz verspüre" – ich *habe* ihn einfach (PU 246). Umgekehrt ist es sinnvoll zu sagen „Ich weiß, daß *er* Schmerzen verspürt", und es gibt genügend Situationen, in denen eine solche Aussage unproblematisch und zu Recht als wahr angesehen wird (die Unanwendbarkeit des Begriffs des Wissens auf den Fall des eigenen Schmerzes wird sichtbar, wenn man die Negationen betrachtet: während „ich weiß nicht, ob *er* einen Schmerz verspürt" sinnvoll ist, kann man mit „ich weiß nicht, ob ich einen Schmerz verspüre" wenig anfangen). Wir sollten versuchen, Rechtfertigungsbedingungen für unsere (Schmerz-)Fremdzuschreibungen zu finden, die nicht von der zweifelhaften „Unmittelbarkeit" des „Wissens" um selbstzugeschriebene (Schmerz-)Zustände abhängig sind. Und das Argument für dieses spezielle „Wissen" basierte auf der Behauptung, „Schmerz" beziehe sich auf die Schmerzempfindungen des jeweiligen Sprechers. Somit steht nun ein Kommentar zu a) an (s.o.):

WITTGENSTEIN versucht hier zu zeigen, daß die Annahme, unsere Empfindungsausdrücke bezögen sich auf Empfindungen *als private mentale Ereignisse* (mitgedacht: der „privilegierte Zugang"), inkonsistent ist. Wenn jeder von uns seinen Schmerzbegriff dadurch definierte, daß er „Schmerz" mit seinen privaten Schmerzempfindungen assoziierte, dann gäbe es kein wie auch immer geartetes Kriterium für die richtige Verwendung von „Schmerz", denn das einzig denkbare Kriterium, die Korrektheit der jeweiligen Erinnerung an die „Ur-Schmerzempfindung" beim „Taufakt", ist wegen der Möglichkeit der Selbsttäuschung unsicher und zudem nicht überprüfbar. Es gäbe einfach keinen Weg zu entscheiden, ob das Wort „Schmerz" korrekt verwendet würde; dann aber wäre das Wort bedeutungslos. All dies illustriert noch einmal das „Käfer-Beispiel" aus PU 293 (in Anlehnung an KURTHEN 1988: 65):

„Angenommen, es hätte Jeder eine Schachtel, darin wäre etwas, was wir ‚Käfer' nennen. Niemand kann je in die Schachtel des Andern schaun; und Jeder sagt, er wisse nur vom Anblick *seines* Käfers, was ein Käfer ist. – Da könnte es ja sein, daß Jeder ein andres Ding in seiner Schachtel hätte. Ja, man könnte sich vorstellen, daß sich ein solches Ding fortwährend veränderte".

Hier spielt der „Käfer " offenbar die Rolle der „Empfindung" im Konzept der privaten Bezeichnung. Aber wenn es nun funktionierende Sprachspiele mit dem Wort „Käfer" gäbe? Dann hätte „Käfer" jedenfalls nicht die Funktion, das Ding in der Schachtel zu bezeichnen, denn die Schachtel – wie WITTGENSTEIN bemerkt – könnte auch leer sein. Das „Ding in der Schachtel" gehört überhaupt nicht zum Sprachspiel! Auch der naheliegende Einwand, durch das Sprechen über „Käfer" *fänden wir doch heraus,* ob unsere Schachteln den gleichen Inhalt hätten, ist zurückzuweisen, denn wiederum gibt es kein Kriterium einer so ermittelten Gleichheit. Daher schließt WITTGENSTEIN: „Wenn man die Grammatik des Ausdrucks der Empfindung nach dem Muster von „Gegenstand und Bezeichnung" konstruiert, dann fällt der Gegenstand als irrelevant aus der Betrachtung heraus."

Man beachte, daß es nicht WITTGENSTEINS „Lösung" ist, daß Empfindungen nicht in unsere Sprachspiele „eintreten". Ganz im Gegenteil, dieses merkwürdige Resultat ergibt sich ja gerade aus dem (falschen) Muster von ‚Gegenstand und Bezeichnung', d.h. aus der These, „Schmerz" beziehe sich auf Schmerzempfindungen. Für WITTGENSTEIN erfordert ein Verständnis der *Tatsache, daß* Empfindungen Eingang in unsere Sprachspiele finden, das Verlassen der Vorstellung einer privat bestimmten Bedeutung. Ferner greift die Annahme zu kurz, alle Bedeutung sei als Beziehung zwischen einem Wort und einer andersartigen Entität zu fassen. Bekanntlich hatte WITTGENSTEIN versucht, sich der „Bedeutung" über eine Analyse des „Gebrauchs" – des faktischen Gebrauchs in der Normalsprache – zu nähern (PU 43). Aber er *identifiziert* nicht einfach „Bedeutung" und „Gebrauch", sondern mutmaßt lediglich, daß wir alles Interessante über Bedeutungen herausfinden können, wenn wir die normale Verwendung der Wörter studieren: „Die Bedeutung des Wortes ist das, was die Erklärung der Bedeutung erklärt."

Wir können hier nicht in die detaillierte Diskussion von „Gebrauchstheorien" der Bedeutung einsteigen (s. hierzu z. B. BUDD 1984 und KURTHEN 1984), wollen aber wenigstens versuchen, dieses Konzept auf das OMP anzuwenden. In WITTGENSTEINS Ansatz ist eine private Definition von „Schmerz" nicht vonnöten, da die faktische Verwendung von „Schmerz" in der alltäglichen Kommunikation etwas essentiell Öffentliches ist, sowohl im 1.Person- wie im 3.Person-Sprachgebrauch. Ein näherer Blick auf den ersteren zeigt, daß für adäquate Selbstzuschreibungen ein gewisses begleitendes Schmerzverhalten unerläßlich ist (Stöhnen, Grimassieren etc.; es sei denn, das Sprachspiel der Verstellung wird gespielt) sowie auch bestimmte Umstände (z. B. eine „echte" Schlägerei und nicht eine Theaterszene). Und während Situationen, in denen Fremdzuschreibungen von Schmerzen offenbar mit Gewißheit vorgenommen werden, nicht ungewöhnlich sind (etwa: „Sein Finger schmerzt, er hat mit dem Hammer draufgeschlagen!"); erscheinen Aussagen, die solche „Gewißheit" eigens thematisieren, in solchen Situationen eher deplaziert, denn was soll es heißen, man „wisse (d.h. täusche sich nicht)", daß der Finger unter dem Hammer schmerzt? Diese Beispiele weisen darauf hin, daß die hier waltende „Gewißheit" gar nicht im klassischen Sinne epistemologisch zu denken ist – sie ist eher ein Ausdruck eines hohen Grades an sozialer Vertrautheit auf der Grundlage einer generellen Einstellung zu menschlichen Wesen: wenn *ich* weiß, daß *sie* einen Schmerz verspürt, dann verdanke ich dies nicht der Möglichkeit, etwa eine „Hypothese zu verifizieren" bezüglich der Korrelationen zwischen dem Verhalten und den Empfindungen eines bestimmten Organismus, sondern ich weiß dies, einfach weil ich sie als menschliches Wesen (an)erkenne und die Ausdrücke ihres Schmerzes in eine angemessene Schmerzsituation eingebettet finde. „Gewißheit" bezüglich der Schmerzempfindungen Anderer ist Teil einer komplexen sozialen Praxis und nicht ein „Wissen" um einen „Sachverhalt".

Wie oben bemerkt, können die Begriffe des „Wissens" und der „Gewißheit" kaum sinnvoll auf Selbst-Schmerzzuschreibungen angewandt werden, die ja normalerweise auf keine identifizierbaren Anhaltspunkte zurückgehen; diese Zuschreibungen sind nichtinferentiell in dem Sinne, daß wir niemanden sinnvoll fragen können, woher er wisse, daß er einen Schmerz verspürt etc. Man könnte einwerfen, daß gerade diese „direkte Bekanntschaft" mit den je eigenen inneren Zuständen eine grundlegende Art von Wissen konstituiert. Aber solange wir von diesem Verhältnis der „direkten Bekanntschaft" oder „Gegebenheit" sprechen, betrifft dies noch keinen Kontext des *Wissens* (also der Begründung und Rechtfertigung). Wissen impliziert einen propositionalen Zusammenhang, der bei einem bloßen Erlebnisaufweis noch gar nicht ins Spiel kommt. In WITTGENSTEINS Analyse von 1.Person-Schmerzberichten werden diese nicht als Aussagen über „mentale Ereignisse" gewertet, sondern als differenziertes Schmerzverhalten, das nur graduell von einem unartikulierten Schmerzschrei verschieden ist. In diesem Sinne ist „Ich spüre einen Schmerz" ein homogener Ausdruck, so daß die Frage „Worauf bezieht sich ‚Schmerz' in diesem Satz?" sinnlos wäre (PU 405). Die Verwendung von „Schmerz" in 1.Person-Berichten ist genauso „öffentlich" wie in 3.Person-Aussagen, denn wir können „Schmerz" nur dann korrekt verwenden (also auch: uns selbst Schmerzen zuschreiben), wenn wir die „Grammatik" dieses Begriffs in der Normalsprache gelernt haben (PU 384). Auch aus diesem

Grunde ist die Beschreibung des alltagssprachlichen Gebrauchs von „Schmerz" die ganze Geschichte über die „Bedeutung" von „Schmerz" – jede andere Interpretation fällt zurück in die Problematik der privaten Bezeichnung. Zumindest ist dies WITTGENSTEINS Auffassung. 1.Person-Autorität bezüglich Schmerzempfindungen müßte dann als ein Merkmal der „Grammatik" von „Schmerz" analysiert werden, welche selbst wieder Teil unserer sozialen und Sprachpraxis wäre. Und ein weiteres ist gegen die Privatheit von „Schmerz" einzuwenden: während das „Muster von Gegenstand und Bezeichnung" zu dem Paradox führt, daß die Empfindung selbst völlig irrelevant ist für eine funktionierende Empfindungssprache, gehen die Empfindungen in WITTGENSTEINS Ansatz sehr wohl in unsere Sprachspiele ein, wenn auch nicht als ein „Bild" eines privaten Ereignisses, sondern als eine, sagen wir, spezifische *Färbung* meiner Einstellung zu dem Anderen als dem Schmerzempfindenden.

5.3.3 Wissen um Fremdseelisches

Für WITTGENSTEIN bedarf das sinnvolle Sprechen über innere Zustände also äußerer Kriterien (PU 580). Führt dies nicht zurück zum Behaviorismus bezüglich des Fremdseelischen – um so mehr insofern, als die beiden zunächst vielversprechend erscheinenden Ansätze (das Analogie-Argument und das „Ausgehen vom eigenen Fall") sich als inkonsistent erwiesen haben? Läßt WITTGENSTEIN uns nicht ausschließlich behaviorale Kriterien der Bestimmung mentaler Zustände Anderer übrig – Kriterien, die nicht einmal „Gewißheit" im epistemologischen Sinn gewährleisten? – KRIPKES (1982) bemerkenswerte wie umstrittene Exegese der WITTGENSTEINschen Spätphilosophie mag hier weiterhelfen. KRIPKE argumentiert, daß WITTGENSTEIN den Skeptiker nicht widerlegen will. Der Skeptiker verfehlt einfach den entscheidenden Punkt. Wenn wir der Behauptung nicht widersprechen sollten, daß die Tatsache, daß Andere Bewußtsein haben, nicht bewiesen („demonstrated") werden kann, so aus dem einfachen Grund, daß es hier gar keine Tatsache gibt, die bewiesen (aufgewiesen) werden kann. In Fragen wie „Verspürt er wirklich einen Schmerz? Wie kann ich sicher sein, eine korrekte Schmerzzuschreibung vorzunehmen?" usw. wird die eigentliche Rangfolge der Erklärungen gleichsam auf den Kopf gestellt, denn mein angemessenes Verhalten einem Leidenden gegenüber ist nicht eine „Konsequenz" meiner „korrekten Meinungen" bezüglich seiner „mentalen Zustände"; vielmehr sind diese Meinungen selbst aus meiner Einstellung und meinem Verhalten ihm gegenüber zu erklären. Wie KRIPKE (1982: 135) meint: „If our practice is indeed to say ‚he is in pain' of him in certain circumstances, then that is what determines what *counts* as „applying the predicate ‚is in pain' to him in the same way as to myself'". KRIPKES Argument muß im weiteren Zusammenhang seiner Auffassung gesehen werden, WITTGENSTEIN habe in seinen Normalsprachenanalysen die traditionellen „Wahrheitsbedingungen" zugunsten von „Rechtfertigungsbedingungen" verlassen und somit nicht länger gefragt, wie bestimmte Aussagen zu *verifizieren* seien, sondern nur die Bedingungen und Umstände untersucht, unter und in denen eine bestimmte Aussage ihre faktische Rolle spielt.

Unsere Einstellung *ist eben* eine Einstellung zu Fremdseelischem; dies ist unsere Art sozialen Verhaltens, und Aussagen über Fremdseelisches sind bedeutungstragend kraft der Rolle, die sie in dieser sozialen Praxis spielen. Der Skeptiker bezweifelt nichts, was wir zu verteidigen hätten. Und so ist auch WITTGENSTEINS Forderung nach „äußeren Kriterien" in keiner Weise behavioristisch, denn während der Behaviorist versucht, Wahrheitsbedingungen für Aussagen über Fremdseelisches anzugeben, hat WITTGENSTEIN den Verifikationismus ganz verlassen und untersucht Fremdzuschreibungen mentaler Zustände in Hinblick auf ihre faktische Rolle in der Lebenspraxis. Unsere normalen Sprachspiele sind aber für WITTGENSTEIN „Ur-Phänomene", die nicht erklärt, sondern nur beschrieben werden können. Sie bedürfen keiner *epistemologischen* Rechtfertigung, da sie einfach Elemente einer Lebensform sind. Wie WITTGENSTEIN sagt: „Ein Wort ohne Rechtfertigung gebrauchen, heißt nicht, es zu Unrecht gebrauchen" (PU 289).

Zusammenfassend: nach WITTGENSTEIN sind wir gehalten, das Analogie-Argument anzuwenden, wenn wir versuchen wollen, das OMP im Ausgang von der 1.Person-Erfahrung zu lösen. Aber das Analogie-Argument scheitert; so kann dem Skeptiker nicht begegnet werden. WITTGENSTEIN schlägt vor, den Verifikationismus und das „Muster von Gegenstand und Bezeichnung" (also auch die Vorstellung von der privaten Bezeichnung) aufgeben zugunsten einer Beschreibung und Zusammenstellung unserer faktischen Sprachspiele, wobei dies allerdings die Annahme des Primats der Lebensform voraussetzt. Da wir dann annehmen könnten, daß wir um die mentalen Zustände Anderer *wissen* aufgrund unserer Einstellung ihnen gegenüber (anstatt diese Einstellung aufgrund jenes Wissens zu haben), vermeiden wir Skeptizismus (und Solipsismus) und Behaviorismus.

Aber es scheint, als hätten wir einen hohen Preis bezahlt, denn WITTGENSTEIN verlangt, Erklärungen (spätestens) auf der Ebene der faktischen Sprachspiele bzw. der Lebensform aufzugeben. Und dieses Verfahren wird fragwürdig, sobald fundamental neue Situationen entstehen, die in der Lebensform, so wie sie bis dahin organisiert war, nicht „vorgesehen" sind. Denn der mögliche Einwand, die Lebensform im weiteren Sinne bliebe „dieselbe", wenn sie solche Situationen integrierte, führt zu einem nicht wünschenswerten Differenzierungsverlust hinsichtlich normativ bedeutsamer Gesichtspunkte (s.u.). Auch die Konfrontation mit einem

TLIS ist in der sozialen Praxis, die wir *alle* teilen, nicht unbedingt vorgesehen. Der Bewußtseinszustand des TLIS-Patienten kann mit Hilfe der üblichen „äußeren Kriterien" nicht beurteilt werden (die angemessenen „TLIS-Umstände", die es zweifellos gibt, reichen nicht aus). Das Problem eines nur beschreibenden Vorgehens ist, daß es in gewissen extremen oder eben „neuen" Situationen (das TLIS ist auch „neu" insofern, als es zu einem gewissen Grad auch ein intensivmedizinisches Artefakt ist) wenig sinnvoll ist, unsere sozialen Gewohnheiten einfach hinzunehmen, denn eine Bewältigung solcher Situationen erfordert eine *Modifikation* der sozialen Praxis innerhalb der Lebensform. Und wir sind schlecht beraten, wenn wir solche Modifikationen auch wieder nur beschreiben – wir sollten versuchen, sie zu *rechtfertigen.* Dies gilt auch für einen möglichen Übergang von behavioralen zu elektrophysiologischen Bewußtseinskriterien. Das TLIS ist im übrigen auch kein „einsames Beispiel". JOUVET (1969) führte schon den Fall des curarisierten Patienten an, der temporär alle motorischen Fähigkeiten einbüßen kann. FOSS (1985) und CAMPBELL (1985) meinen, wenn ein Patient den Rest seines Lebens curarisiert bleibe, müsse ein Behaviorist sagen, dieser Patient verspüre niemals einen Schmerz. RACHLINS (1985) Antwort hierauf ist im wesentlichen ein Infragestellen des wirklichen Vorkommens solcher Fälle. Aber abgesehen davon, daß eine solche Antwort den eigentlichen Punkt verfehlt, ist das TLIS-Beispiel nicht so weit hergeholt wie die lebenslange Curarisierung, denn TLIS-Patienten werden in der Regel sterben, ohne motorische Fähigkeiten wiedererlangt zu haben. Wenn jedenfalls vegetative oder neurophysiologische Reizantworten auch unter „Verhalten" subsumiert würden, wären die Unterschiede zwischen diesen beiden Fällen wohl uninteressant. Die Sprachpraxis mag festlegen, was als Anhaltspunkt und Aufweis für das Bewußtsein des Anderen *zählt.* Wenn also, wie die eliminativen Materialisten annahmen, eine zukünftige Hirnforschung diese Sprachpraxis ändern würde – indem wir dann statt über Schmerzen über Hirnprozesse sprächen –, dann könnten introspektive Berichte über Empfindungen „übertimmt" werden.

Damit sind wir wieder an einem weiter oben gekennzeichneten Punkt angelangt, nämlich bei dem Problem, wie zu entscheiden sei, wenn „perfekte" neurophysiologische Anhaltspunkte einem wahrhaftigen introspektiven Bericht über einen mentalen Zustand widersprächen. RORTY (1970) hat zu dieser Frage ein Gedankenexperiment vorgestellt. Angenommen, wir hätten einen „Enzephalographen", der zuverlässig „Schmerz-Gehirnzustände" anzeigt. Angenommen weiter, jemand („Jones"), der an das Gerät angeschlossen ist, verbrennt sich zum ersten Mal in seinem Leben. Jones zeigt Schmerzverhalten, das Gerät zeigt Schmerz an, aber Jones sagt, er spüre keinen Schmerz. Wie kann er sich vergewissern, daß er das Wort „Schmerz" korrekt verwendet? In diesem Fall gibt es keine Möglichkeit, zwischen einem „falschen Sprachgebrauch" – Jones erkennt das Gefühl als „etwa so wie Schmerz", nennt es aber nicht „Schmerz" (weil er vielleicht denkt, beim Sich-Verbrennen werde nicht von Schmerzen geredet) – und einem „falschen Urteil" – er erkennt das Gefühl nicht als ein Gefühl, das er „Schmerz" nennen könnte – zu unterscheiden. Wie, wenn Jones darauf besteht, keinen Schmerz zu verspüren, auch wenn wir ihm sagen, dieses Gefühl beim Sich-Verbrennen werde auch „Schmerz" genannt? Ist sein Bericht eine korrekte Beschreibung seiner Empfindungen oder ein Hinweis darauf, daß er den Gebrauch von „Schmerz" nicht richtig gelernt hat? RORTY (1970: 205) analysiert:

„The only device which would decide this question would be to establish a convention that anyone who sincerely denied that he felt a pain while exhibiting pain behavior and being burned *ipso facto* did not understand how to use ‚pain'. This denial would *prove* that he lacked an understanding. But this would be a dangerous path to follow. For not to understand when to use the word ‚pain' in non-inferential reports is presumably to be unable to know which of one's sensations to call a ‚pain'. And the denial that one felt pain in the circumstances mentioned would only prove such inability if one indeed *had* the sensation normally called a pain. So now we would have a public criterion, satisfaction of which would count as showing that the subject had such a sensation ... But if such a criterion exists, its application overrides any contradictory report that he may make – for such a report will be automatically disallowed by the fact that it constitutes a demonstration that he does not know what he is talking about. The dilemma is that either a report about one's sensations which violates a certain public criterion is a sufficient condition for saying that the reporter does not know how to use ‚pain' in the correct way, or there is no such criterion. If there is, the fact that one cannot be mistaken about pains does not entail that sincere reports of pain cannot be overridden. If there is not, then there is no way to answer the question [falscher Sprachgebrauch oder falsches Urteil; M.K.] ... and hence no way to eliminate the possibility that Jones may not know what pain is."

Also ist das Argument, wir „könnten uns nicht darin irren, einen Schmerz zu verspüren", nur unter der Zusatzannahme zu akzeptieren, daß wir *wissen, was Schmerz ist.* Aber was als Wissen zählt, kann dann ja entlang „enzephalographischer Daten" festgelegt sein. Also ist das Argument der „Unmöglichkeit des Irrtums" letzten Endes leer. RORTYS Analyse zeigt, daß faktische 1.Person-Autorität keine unauflösliche „intrinsische" epistemologische Autorität ist; sie ist vielmehr relativ (u.a.) zum Stand der neurologischen Wissenschaft. Aktuelle „Privatheit" mentaler Zustände widerspricht dann nicht der Möglichkeit eines „Wissens" um Fremdseelisches. Wissenschaftlicher Fortschritt (und anderes) mag zu einem Wechsel der Sprachpraxis führen (und damit auch die Lebensform affizieren) und selbst so scheinbar fraglose Merkmale unserer mentalen Zustände wie „Privatheit" und „Unmittelbarkeit" alterieren. RORTYS Argument geht hauptsächlich auf die erkenntnistheoretischen Arbeiten von SELLARS zurück, der gezeigt hatte, daß nicht nur „Privatheit" und „Unkorrigierbarkeit", sondern auch die „unmittelbare Gegebenheit" von Empfindungen relativ zu einem bestimmten Begriffsgefüge zu denken ist. Auf die Gefahr hin, mit Wiederholungen zu langweilen: SELLARS (1963) meinte, daß sogar der Begriff z. B. von etwas (unmittelbar) Rotaussehendem nicht etwa in Beziehung steht zu einem „direkten, nichtinferentiellen Wissen", sondern selbst „eine ganze Batterie von Begriffen" voraussetzt, die z.B. die angemessenen Umstände von Farbzuschreibungen betreffen. Solche „raw feel episodes" als Einheiten eines „fundamentalen" Beobachtungswissens anzusehen, heißt – so SELLARS – den Begriff des Wissens ganz allgemein mißverstehen, denn „the essential point is that in characterizing an episode or a state as that of *knowing*, we are not giving an empirical description of that episode or state; we are placing it in the logical space of reasons, of justifying and being able to justify what one says" (SELLARS 1963: 169). SELLARS hoffte weiter, daß wir dennoch verstehen können, wie bestimmte innere Episoden *Privatheit* und *Intersubjektivität* auf sich vereinigen können, wenn wir z. B. „Sinneseindrücke" als *theoretische* Entitäten konstruieren, die in eine primär „behavioristische" Sprache eingeführt werden, welche intelligente Antworten auf sensorische Reize in der Terminologie offenen Verhaltens zu erklären sucht. Dies ist der andernorts (Kap. 2) dargestellte „Mythos von Jones", der die „Mikrogenese" der Privatheit innerer Episoden zu erzählen versucht. SELLARS Argument ist subtil – und kontrovers (s. ROBINSON 1975 und CLARK 1975). Aber für unsere Darstellung ist SELLARS Mythos in zweierlei Hinsicht bedeutsam: erstens zeigt er noch einmal, daß die Common-Sense-Intuitionen der „Privatheit", des „privilegierten Zugangs" etc. epistemologisch weniger gewichtig sind als es auf den ersten Blick scheinen mag, und zweitens bestätigt er das WITTGENSTEINsche Ergebnis, daß, obwohl Selbstzuschreibungen mentaler Zustände nicht auf der Beobachtung des eigenen Verhaltens gründen, sich dennoch keine Absurdität in der Annahme verbirgt, daß offenes Verhalten das Kriterium für das Vorkommen mentaler Zustände bereitstellt, und zwar in einem gewissen Sinne bei *allen* Arten von Zuschreibungen.

Rechtfertigen diese Einsichten einen „neuen Optimismus" bezüglich des OMP in unserem TLIS-Beispiel? Das Hauptproblem bei der Bestimmung des TLIS-Bewußtseins war doch die scheinbare epistemologische Kluft zwischen der „direkten Bekanntschaft" des Patienten mit seinen eigenen mentalen Zuständen und unserer essentiell *vermittelten* Evidenz für seine Bewußtseinslage. Und haben WITTGENSTEIN und RORTY diese Kluft nicht überbrückt? Versuchen wir also, das Bisherige noch einmal auf das OMP bei TLIS-Patienten anzuwenden. Dieser Versuch wird nicht zu neuen oder „besseren" Kriterien der Bewußtseinszuschreibung bei diesen Patienten (und bei anderen Menschen) führen. Eher wird er dabei helfen, den epistemologischen Status *der Kriterien, die wir in der klinischen Arbeit applizieren,* näher zu bestimmen.

5.4 Der epistemologische Status von „Bewußtsein" in klinischen Erwägungen

5.4.1 Gewandelter Behaviorismus

In den einführenden Bemerkungen wurde der Hoffnung Ausdruck gegeben, die Diskussion des TLIS möge die Frage beantworten helfen, ob ein behavioristischer Ansatz zur Lösung des OMP erfolgversprechend sei. In einem gewissen Sinne zeigt das TLIS die praktischen Grenzen eines solchen Ansatzes auf, denn ein TLIS-Patient, der stirbt, ohne zuvor motorische Fähigkeiten wiedererlangt zu haben, kann Schmerzen verspüren, die niemals an einem „Verhalten" ablesbar sind. Und da das Vorkommen solcher Fälle kein „Gedankenexperiment" ist, sollten die Behavioristen um so mehr bestrebt sein, hier eine Erklärung im Rahmen ihrer Theorie anzubieten. Der Übergang zur temporalen Molarität hilft wenig, denn (s.o.) beim TLIS gibt es (faktisch) kein Verhaltensmuster, das die mentalen Ereignisse zeitlich umgreifen könnte. Wie oben gesagt, besteht ein Ausweg (der letzte?) darin, den Verhaltensbegriff auch auf elektrophysiologischen Output auszudehnen. Wenn „Verhalten" begriffen wird als „alles, was unter Gesetzmäßigkeiten des alltäglich „offenen" Verhaltens zu bringen ist oder sich selbst zu solchem Verhalten entwickeln kann", dann bleibt offen, welche Entäußerungen darunter fallen werden. Aber in Hinblick auf das TLIS ist ein solches Vorgehen entweder unattraktiv oder utopisch. Es ist unattraktiv, weil beim derzeitigen Stand der Neurowissenschaft dem zugänglichen „Neuro-Verhalten" all die Merkmale *fehlen,* welche Vorkommnisse offenen Verhaltens so nützlich machten für die „Vorhersage und Kontrolle von Verhalten" (dies ist immer noch das Ziel des Behaviorismus): gute Beobachtbarkeit, Zugänglichkeit ohne invasives „Monitoring", Sensitivität für Einflüsse der (sozialen) Umgebung etc. Es ist utopisch insofern, als diese Merkmale offenen Verhaltens (im traditionellen Sinne) dem „Neuro-Verhalten" erst im Zeitalter Rortyscher „Enzephalographen" zukommen werden.

Die Behavioristen sollten daher zugeben, daß eine angemessene behavioristische Beschreibung der mentalen Zustände des TLIS-Patienten derzeit nicht möglich ist. Aber dies sollte nicht zu dem Fehlschluß führen, daß der „Neurophysiologismus" den Behaviorismus nun „epistemologisch überflügelt". Denn wir sahen, daß bezüglich des OMP behaviorale und neurologische Anhaltspunkte gleich gut (oder gleich schlecht) sind. Wie oben gesagt, liegen die entscheidenden Differenzen im paradigmatischen TLIS-Fall nicht zwischen den behavioralen und den elektrophysiologischen Zeichen des Bewußtseins, sondern zwischen den extrinsischen und den intrinsischen Merkmalen bewußten Lebens. Und wenn wir uns an das Wittgensteinsche Diktum erinnern, daß „innere

5.4 Der epistemologische Status von „Bewußtsein" in klinischen Erwägungen 91

Vorgänge äußerer Kriterien bedürfen", möchten wir vielleicht argwöhnen, irgendetwas sei doch dran am Behaviorismus – es sei mehr über ihn zu sagen als nur, er könne „dem TLIS-Fall nicht gerecht werden". Ein rechtes Verständnis des „logischen Raumes" unserer faktischen Zuschreibungen von Bewußtsein (und Koma) kann vielleicht aus einem Bedenken der Argumente aus Abschnitt 5.3 erwachsen.

Nach WITTGENSTEIN sind Fremdzuschreibungen von Bewußtsein nicht Ausdruck unserer *Meinung,* diese Person „habe Bewußtsein", sondern eher unsere in Worte gefaßte *Einstellung* zu ihr. Wenn wir also unseren TLIS-Patienten wie ein *bewußtes* menschliches Wesen behandeln, dann sind wir nicht zu einer *Überzeugung* gelangt, die „wahr" oder „falsch" sein kann; vielmehr ist dieses „Ihn-als-bewußtes-Wesen-Ansehen" bereits Teil unserer Einstellung zu ihm *als* einem menschlichen Wesen im vollen Sinne. Also ist die Äußerung „Dieser irresponsible Patient ist bei Bewußtsein" nicht eine verifizierbare oder falsifizierbare Aussage über eine bestimmte „Eigenschaft" jenes lebenden Organismus, sondern eine verbale (behaviorale) Anerkennung des Patienten als eines Mitglieds der Gemeinschaft „vollständiger Personen". In diesem Ansatz ist das OMP eher aufgelöst als „gelöst". Aber es gibt keinen anderen Weg, mit dem Skeptiker fertigzuwerden, *wenn* es wahr ist, daß eine Lösung des OMP durch das Analogie-Argument (und also durch das „Ausgehen vom eigenen Fall") unmöglich wird. – Wir kommen gleich zu diesem abgeleitet WITTGENSTEINschen Gedanken zurück; zuvor noch ein Stück den „behavioristischen Faden" entlang.

Wir waren ein bißchen unzufrieden mit dem WITTGENSTEINschen Ansatz gewesen, vielleicht weil die bloße *Beschreibung* von Sprachspielen der Mentalität des Neurowissenschaftlers nicht gerade entgegenkommt. Schließlich müssen wir einen TLIS-Patienten erst einmal als solchen *erkennen* (wozu es einiger Neurologie und „Erklärung" bedarf), bevor wir von WITTGENSTEINS Rat profitieren können. Wir müssen erst äußere Kriterien *bereitstellen,* bevor wir sie applizieren können. Hier helfen RORTY und SELLARS (s.o.) vielleicht ein wenig weiter. Statt einfach unsere Sprachspiele hinzunehmen, versuchen sie, ihre Mikrogenese zu rekonstruieren (SELLARS) und ihre zukünftigen Wandlungen vorherzusagen (RORTY). Interessanterweise gelangen sie beide zu einer Position, die sie „Behaviorismus" nennen. Nach RORTY (1979) sollten wir den „epistemologischen Behaviorismus" annehmen, die Auffassung, daß epistemische Autorität jederzeit eine Funktion der sozialen Praxis ist (und nicht eine Angelegenheit von jemandes „Bekanntschaft" mit ihren mentalen Zuständen). Diese Art „post-wittgensteinschen" Behaviorismus hat die Suche nach „notwendigen und hinreichenden Bedingungen" der Bewußtseinszuschreibung aufgegeben. Der epistemologische Behaviorist weigert sich einfach, in der psychologischen Erklärung auf die „spezielle Beziehung" zwischen einer Person und ihren mentalen

Zuständen zurückzugreifen. Und nach SELLARS (1963) können wir die Idee, daß von bestimmten inneren Episoden ohne Rückgriff auf behaviorale Anhaltspunkte berichtet werden kann, mit der „mythischen" Einsicht versöhnen, daß die Tatsache, daß offenes Verhalten Anhaltspunkte für diese Episoden liefert, in eben die „Logik der Begriffe" eingebaut ist, die sich auf diese Episoden beziehen. SELLARS Vorstellung vom Primat des intersubjektiven Diskurses führte ihn zum „Verbalen Behaviorismus", der Auffassung, daß die linguistischen inneren Episoden („Gedanken") primär „thinkings-out-loud" sind, nämlich „candid linguistic utterances by one who knows the language" (SELLARS 1980: 9). Der Behaviorismus ist dann nur eine erste Ebene der psychologischen Erklärung, und die primär offenen Sprachepisoden werden Gegenstand des „feiner gekörnten" Begriffsgefüges einer zweiten (und vielleicht dritten) Ebene, die über innere begriffliche Episoden verfügt (und später vielleicht auch über neurophysiologische Mikroprozesse als Nachfolgeentitäten des „Laut-Gedachten" (s. SELLARS 1979)). Diese Einordnung des Behaviorismus in die Hierarchie und Sukzession der Erklärungsstrategien erscheint plausibel. Und da der Verbale Behaviorismus Gedanken als primär öffentliche Episoden konstruiert, bleibt im Ausgang von dieser Position im wissenschaftlichen Diskurs immer ein Rest des einst unproblematischen „Wissens um Fremdseelisches" erhalten, so wie in unserem Common-Sense-mentalistischen Diskurs der originäre intersubjektive Charakter der Entitäten wirksam bleibt, die als Modelle für Gedanken und Sinneseindrücke dienten (natürlich ist dieses Wissen um Fremdseelisches nur dann unproblematisch, wenn es entlang WITTGENSTEINscher Gedankenlinien verstanden wird – als ein „Wissen qua Einstellung" –, denn die bloße Tatsache, daß Gedanken „thinkings-out-loud" sind, bewahrt den Behavioristen nicht vor den Schwierigkeiten des OMP).

Auf das TLIS angewandt, würde ein behutsamer sellarsianischer Übergang von einem Begriffsgefüge zu einem anderen nicht eine bloße Ersetzung behavioraler Bewußtseinskriterien durch neurophysiologische erlauben, da die Elemente der „ersten Ebene" einer Theorie des TLIS-Bewußtseins – die Vorkommnisse von „bewußtem Verhalten" – schon die Merkmale festlegen würden, die als Explananda der nachfolgenden Ebenen erscheinen. Da wir in unserer Alltags-„Theorie" schon lange den Wechsel vom mythischen behavioralen Diskurs zum mentalistischen vollzogen haben, muß eine erfolgreiche Erklärung des TLIS-Bewußtseins den begrifflichen Gehalt des Common-Sense-mentalistischen Bewußtseins (innerhalb eines neurophysiologischen Begriffsgefüges) rekategorisieren. Dieses Erfordernis würde eine umfassendere und vollständigere Darstellung des Bewußtseins in neurophysiologischer Begrifflichkeit verlangen, als wir bislang zu geben imstande waren. Also besteht die Erklärung des erhaltenen Bewußtseins im TLIS nicht nur darin, eine Liste einzelner Zeichen oder Indikatoren des Bewußtseins anzugeben, sondern sie muß als eine vollständige Beschreibung der Personalität des TLIS-Patienten *in einem neurowissenschaftlichen Vokabular* auftreten. In SELLARS Worten: diese Erklärung würde die Verwirklichung (und Durchsetzung) eines vollständigen „wissenschaftlichen Bildes vom Menschen" erfordern. Und auch dies ist sehr utopisch, denn bislang haben wir nichts als diese lose zusammenhängenden neurologischen Zeichen des Bewußtseins, die allenfalls ausreichen, um ein einigermaßen funktionierendes klinisches Verfahren der Einschätzung zu gewährleisten.

5.4.2 Neurowissenschaftliches „Bild des Menschen"?

Dann wäre die Persistenz des OMP in Hinblick auf das TLIS hauptsächlich auf unser unreflektiertes Oszillieren zwischen zwei Erklärungsrahmen zurückzuführen, dem der „folk theory" und dem der Neurowissenschaft. In der Alltagssprache sprechen wir unproblematisch über die mentalen Zustände Anderer (und manchmal sagen wir, wir *wüßten* um sie). Aber das Funktionieren dieser Zuschreibungen verdankt sich nicht ihrer Präzision oder Verifizierbarkeit – beides kommt ihnen nicht zu – sondern ihrer Einbettung in eine „komplette Sprache", die reichhaltig genug ist, um als Erscheinungsweise der ganzen Lebensform auftreten zu können. Die Alltagssprache stellt ein vollständiges Bild des Menschen bereit, welches für alle Zwecke der üblichen sozialen Praxis ausreichend ist. Wie WITTGENSTEIN zeigte, gibt es dort kein eigentliches OMP: wir „wissen", daß Andere „Bewußtsein haben", weil wir wissen, daß sie menschliche Wesen sind. Aber die Normalsprache ist unzureichend, wenn es um den Umgang mit dem TLIS geht, weil die erforderlichen äußeren Kriterien dort nicht anwendbar sind. Also versuchen wir, unsere Fremdzuschreibungen von Bewußtsein auf neurophysiologische Anhaltspunkte zu gründen. Aber die „Feststellungen", die auf diesen Anhaltspunkten basieren, *sind immer noch in die Normalsprache eingebettet,* einfach weil eine vollständige „Neuro-Sprache" mit „Neuro-Sprachspielen für Fremdseelisches" nicht existiert. Und bis heute sind die neurophysiologischen Aussagen ein Fremdkörper in unserem normalsprachlichen Diskurs zum Fremdseelischen geblieben, nicht zuletzt weil aus hauptsächlich technischen Gründen eine funktionierende Praxis der Bewußtseinszuschreibung in Fällen von TLIS nicht etabliert werden konnte. Und da unser unvollständiger neurowissenschaftlicher Diskurs weit entfernt ist vom Bereitstellen eines Nachfolge-Konzepts der „Einstellung", die als die „normale" Basis des Wissens um Fremdseelisches identifiziert worden war, sind wir wieder mit dem Problem der notwendigen und hinreichenden Bedingungen konfrontiert. Das TLIS ist der „epistemologische Grenzfall", für den eine alltagstheoretische Erklärung *nicht mehr* ausreicht, während eine wissenschaftliche Erklärung *noch nicht* vorliegen kann. Gegenwärtig können wir nicht herausfinden, ob ein mutmaßlicher TLIS-Patient bei Bewußtsein ist, *nicht* weil die „hinreichenden Bedingungen" fehlen, sondern weil eine fundamentale Unsicherheit darüber besteht, was es bedeutet, ein menschliches Wesen zu sein, sobald die gewohnten äußeren Kriterien unseres mentalistischen Diskurses nicht mehr greifen. Unsere Frage nach dem Bewußtsein des Anderen ist niemals die Frage nach dieser einen Eigenschaft (des bewußt-Seins). Die Frage „Ist dieser mutmaßliche TLIS-Patient bei Bewußtsein?" ist unauflöslich in den weiteren Zusammenhang der Frage verwoben „Ist dieser mutmaßliche TLIS-Patient in jeder Hinsicht wie ein menschliches Wesen (also: wie eine *Person*) zu behandeln?". Durch den Übergangscharakter unserer derzeitigen Versuche, mit dem OMP bei TLIS-Patienten zurechtzukommen, wird die Tatsache, daß das OMP eigentlich aus zwei Problemen besteht, von der scheinbaren „Homogenität" der „engen" Formulierung des OMP verdeckt, der Frage eben, ob ein Patient „bei Bewußtsein ist" oder „Bewußtsein hat". Um die „zwei OMPs" formulieren zu können, müssen wir zuerst die Vorstellung aufgeben, Bewußtsein sei ein „Etwas" – eine Entität – das ein Patient „haben" oder „verlieren" könnte (eine „Eigenschaft", die ihm „zukommen" könnte) – ein Etwas, das wir demzufolge „nachweisen" könnten (oder dessen Nachweis uns unmöglich wäre). Wir sollten also „bewußt" nicht als eine distinkte „Eigenschaft" von jemandes „Geist" (oder der ganzen „Person") ansehen. Das Aufgeben dieser Vorstellungen bedeutet im übrigen keinen nennenswerten Verlust, denn das Verständnis unserer faktischen Fremdzuschreibungen von Bewußtsein in klinischen Erwägungen erfordert ohnehin einen modifiziert wittgensteinianischen Ansatz. Die zwei Antworten auf die Frage „Was heißt es zu fragen ‚Hat dieser Patient Bewußtsein?'?" wären dann:

1. „Es heißt zu fragen ‚Was ist der aktuelle – funktionale („physiologische") und strukturelle („anatomische") – Zustand des *Gehirns* dieses Patienten?'", und
2. „Es heißt zu fragen ‚Ist dieser Patient insgesamt in einem Zustand, der es nahelegt, daß wir ihn (den Patienten) als ein menschliches Wesen im vollen Sinne (als eine Person) behandeln?'".

Die erste Antwort ist nicht als Unterstützung einer Version der Identitätstheorie gedacht; sie zeigt vielmehr an, daß die Frage nach dem Bewußtsein in einem Sinne zu einer Familie von Fragen gehört, die die Evaluation zerebraler Schädigungen betreffen – d.h. die Frage nach dem Bewußtsein wird wie diese Fragen verwendet. Wenn wir wissen wollen, ob ein zuvor bewußtloser Schädel-Hirn-Verletzter unter der Therapie wacher geworden ist (das Bewußtsein wiedererlangt hat), dann fragen wir nach dem Bewußtsein, *so wie* wir fragen „Reagieren seine Pupillen besser?" oder „Hat der Hirndruck abgenommen?" etc. In diesem Zusammenhang ist „Hat er das Bewußtsein wiedererlangt?" eine Teilfrage von

"Was geschieht in seinem Gehirn?" und insofern unabhängig vom traditionellen OMP – *nicht* weil „Bewußtsein ein zerebraler Prozeß ist", sondern weil die Frage, was Bewußtsein (in einem epistemologisch interessanten Sinne) ist, hier keine (sprachliche) Bedeutung hat. In diesem Sinne ist das Problem des Bewußtseins hier ein neurologisches Problem, und es ist völlig unproblematisch, mit neurologischen Zeichen des Bewußtseins zu arbeiten (s.o.).

Aber obwohl auch beim TLIS diese neurologischen Aspekte der Frage nach dem Bewußtsein nicht fehlen, kommen hier doch in hohem Maße zusätzliche Aspekte der „inneren mentalen Episoden" des Patienten ins Spiel, die den „Geist" des traditionellen OMP auf die Bühne zurückrufen. Dann könnten wir die obige zweite Antwort versuchen: angenommen, wir hätten uns (wie auch immer) davon überzeugt, daß der mutmaßliche TLIS-Patient bei Bewußtsein ist – was wären die Konsequenzen? Zum Beispiel würden wir nicht über seine Prognose sprechen, wenn wir neben ihm stehen (anders als beim Bewußtlosen?); wir würden vielleicht befürchten, daß ihn das Erlebnis seiner völligen Immobilität in Panik versetzt; wir würden versuchen, ihm seinen Zustand zu erklären; wir würden ihn über vorzunehmende Eingriffe informieren etc. Mit einem Wort, wir würden ihn wie eine vollständige Person behandeln. Die zweite Version von „Ist dieser Patient bei Bewußtsein?" gehört zu einer anderen Klasse von Fragen, darunter „Ist dieser Patient im gleichen Sinne ein menschliches Wesen wie z. B. ich?" oder „Ist dieser Patient (überhaupt noch) als vollwertige Person anzusehen?". Wie die erste Frage ist auch diese unabhängig vom traditionellen „epistemologischen" OMP, nicht weil es „nicht wirklich eine Frage nach dem Bewußtsein ist", sondern weil es nur *eine* Art der Erwägung ist über die korrekte Lokalisation dieses Patienten im Gefüge der sozialen Gemeinschaft.

Dies wird z. B. auch in einem etwas anderen Zusammenhang gut illustriert, nämlich in der aktuellen Kontroverse um die hirnorientierten Todesbestimmungen. Der 1981er Bericht der „US President's Commission for the Study of Ethical Problems in Medicine" definierte „Tod" als „either (1) irreversible cessation of circulatory and respiratory functions, or (2) irreversible cessation of all functions of the entire brain, including the brain stem ..." (1981: 2).

Im Gegensatz zu dieser Definition verfechten einige Autoren ein Konzept des „neokortikalen Todes": sie argumentieren, daß, da „Tod" äquivalent sei dem „permanenten Verlust der Personalität" (ZANER 1988: 7), der Nachweis des irreversiblen Ausfalls kortikaler Funktionen (als Korrelate personaler Identität) ausreicht, um einen Menschen für tot zu erklären. Diese Behauptung wird üblicherweise durch eine Gleichsetzung von „personalem Leben" und „bewußtem Leben" gerechtfertigt (PUCCETTI 1988: 83), also (mit Einschränkung) auch von „Personalität" und „Bewußtsein". Wie VEATCH (1988: 182) meint: „When there is no longer any capacity for consciousness, to think and feel within a human body, then I am gone."

Wir können hier nicht in die Details einer Theorie der Personalität gehen, aber man sieht doch, daß in dem obigen Argument für den neokortikalen Tod die Frage nach dem Bewußtsein buchstäblich zur Frage nach der Persönlichkeit geworden ist. Dies paßt in den Kontext unserer obigen zweiten Antwort auf die Frage, was es heißt zu fragen, ob jemand bei Bewußtsein sei (zur Problematik dieser Todeskonzepte s. KURTHEN, LINKE und REUTER 1989). Und zu sagen, jemand sei „neokortikal" oder „personal" tot, *weil* er irreversibel bewußtlos geworden sei, heißt noch einmal die korrekte Rangfolge der Erklärungen auf den Kopf stellen, denn weit entfernt, *Aufweise bereitzustellen* für die „Klassifizierung" eines Individuums als *Person,* sind Fremdzuschreibungen von Bewußtsein selbst erst möglich *auf der Grundlage* einer Einstellung zu Anderen *als Personen.* Die derzeitigen Uneinigkeiten (wenn nicht Verwirrungen) bezüglich der Todesbestimmung sind zumindest teilweise auf das unerledigte OMP zurückzuführen. Unsere Schwierigkeiten mit der Definition des „personalen Todes" und der Bestimmung der Bewußtseinslage eines TLIS-Patienten sind Konsequenzen unserer fundamentalen Unsicherheit darüber, was es heißt, ein menschliches Wesen zu sein – einer Unsicherheit, die in diesen extremen Situationen entsteht, die unser sonst homogen erscheinendes Bild des Menschen nicht zu organisieren vermag.

Verlangt nun das TLIS eine „behavioristische Epistemologie des Fremdseelischen"? Nach der „wittgensteinianischen Wende" unserer Argumentation liegt die Vermutung nahe, daß der vermeintliche Reiz des Behaviorismus als einer philosophischen Lösung des OMP aus der Fehlinterpretation der Tatsache abzuleiten ist, daß wir alltagssprachlich Fremdzuschreibungen von Bewußtsein auf der Grundlage äußerer Kriterien vornehmen. Um das OMP zu „lösen", brauchen wir keinen Behaviorismus, aber wenn dieser weiterlebt in Positionen wie dem „epistemologischen" oder „Verbalen" Behaviorismus, dann sei er dennoch willkommen. Was das OMP anbelangt, so fanden wir, daß es aufgelöst werden kann, wenn die Intuitionen bezüglich der „Privatheit", des „privilegierten Zugangs" etc. in einer modifiziert WITTGENSTEINschen Weise zu relativieren sind. Der entscheidende Punkt war, daß „Wissen um Fremdseelisches" und „Gewißheit bezüglich mentaler Zustände Anderer" im normalsprachlichen Gebrauch überhaupt nicht als epistemologische Konzepte zu rekonstruieren sind. „Wissen um Fremdseelisches" ist ein Faktum unserer Lebensform, ein Element unserer Einstellung zu menschlichen Wesen. Das Beispiel des TLIS kann diese ganzen Überlegungen katalysieren, denn es konfrontiert uns mit der Möglichkeit eines vollständigen Verlustes unserer gewohnten äußeren Kriterien in bestimmten (unüblichen) Situationen. Ohne diese Kriterien wurden wir plötzlich unsicher bei der „Bestimmung" des TLIS-Bewußtseins: wir argwöhnten, daß neurophysiologische „Kriterien" unzuverlässig sein könnten, wir standen vor den Problemen der Verifikation und der 1.Person-Autorität (mit anderen Worten, wir wurden in das „originale" OMP eingeführt). Aber all dies geschah nicht, weil wir etwa *vorher (und ohne das TLIS)* „bessere" behaviorale Kriterien des Bewußtseins besessen hätten, sondern weil der TLIS-Patient *als Person* nur in einem anderen Begriffsgefüge einen Platz finden kann: in einem neurowissenschaftlichen Bild des Menschen. Da dieses Bild Zukunftsmusik ist, kann es auch in unserer sozialen Praxis und in unseren Sprachspielen noch in keiner Weise „verkörpert" sein. Stellen wir uns vor, ein solches Bild des Menschen würde uns am Ende in die Lage versetzen, den TLIS-Patienten nicht nur mit Hilfe neurowissenschaftlicher Nachfolgekonzepte seiner mentalen Zustände zu verstehen, sondern sogar „vollständig" mit einem adäquaten wissenschaftlichen Gegenstück seiner Personalität und damit auch unserer „Einstellung" zu ihm, vielleicht in einer Begrifflichkeit „neurowissenschaftlicher äußerer Kriterien" (zu den Möglichkeiten eines solchen Wandels s. SELLARS 1962 und 1981). Formuliert entlang unserer obigen Zweiteilung des OMP, erfordert ein „Wissen um die mentalen Zustände des TLIS-Patienten"

1. das vollständige Wissen um seine zerebrale „Verfassung" und
2. ein Verständnis seiner Personalität als Sich-Befinden in einem „person-artigen körperlichen Zustand".

Da 1. Voraussetzung ist für 2., ist zu erwarten, daß unsere obigen zwei Fragen wieder zu *einer* Frage zusammenlaufen werden. In einer solchen utopischen „Neuro-Anthropologie" wird auf die Frage, wie Aussagen bezüglich des Fremdseelischen zu bestätigen seien, vielleicht eine sinnvolle Antwort gegeben werden können; aber mit Sicherheit werden wir dann glauben, besser als heute zu wissen, was es heißt, ein menschliches Wesen zu sein.

Literatur

Baier, K. (1970): Smart on sensations. In: BORST, C.V. (ed.): The mind-brain identity theory. London; Macmillan: 95–106.
BAKER, G.P., HACKER, P.M.S. (1984): On misunderstanding Wittgenstein: Kripke's private language argument. Synthese 58: 407–450.
BAUER, G., GERSTENBRAND, F., AICHNER, F. (1983): Das Locked-in Syndrom: Pseudocoma bei pontinem Querschnitt. In: NEUMÄRKER, K.J. (Hrsg.): Hirnstammläsionen. Stuttgart; Enke: 139–145.
BAUER, G., GERSTENBRAND, F., RUMPL, E. (1979): Varieties of the locked-in syndrome. Journal of Neurology 221: 77–91.
BIERI, P. (Hrsg.) (1981): Analytische Philosophie des Geistes. Königstein; Hain.

BLACKBURN, S. (1984): The individual strikes back. Synthese 58: 281–302.
BLOCK, N. (1981): Psychologism and behaviorism. The Philosophical Review 90: 5–43.
BRIHAYE, J., FROWEIN, R.A., LINDGREN, S., LOEW, F., STROOBANDT, G. (1978): Report on the meeting of the W.F.N.S., Neuro-Traumatology Committee, Brussels, 19–23 September 1976. Acta Neurochirurgica 40: 181–186.
BUDD, M. (1984): Wittgenstein on meaning, interpretation, and rules. Synthese 58: 303–324.
CAMPBELL, K. (1985): Pain is three-dimensional, inner, and occurrent. Behavioral and Brain Sciences 8: 59.
CARROLL, W.M., MASTAGLIA, F.L. (1979): ‚Locked-in coma' in postinfective polyneuropathy. Archives of Neurology 36: 46–47.
CHASE, T.N., MORETTI, L., PRENSKY, A.L. (1968): Clinical and electroencephalographic manifestations of vascular lesions of the pons. Neurology 18: 357–368.
CHERINGTON, M., STEARS, J., HODGES, J. (1976): Locked-in syndrome caused by a tumor. Neurology 26: 180–182.
CHIA, L.G. (1984): Locked-in state with bilateral internal capsule infarcts. Neurology (Cleveland) 34: 1365–1367.
CHURCHLAND, P.M. (1981): Eliminative materialism and the propositional attitudes. Journal of Philosophy 78: 67–90.
CHURCHLAND, P.M. (1984): Matter and consciousness: A contemporary introduction to the philosophy of mind. Cambridge, Mass.; MIT Press.
CHURCHLAND, P.M. (1986): Phase-space representation and coordinate transformation: A general paradigm for neural computation. Behavioral and Brain Sciences 9: 93–94.
CHURCHLAND, P.S. (1986): Neurophilosophy. Toward a unified science of the mind-brain. Cambridge, Mass.; MIT Press.
CLARK, R. (1975): The sensuous content of perception. In: CASTANEDA, H.N. (ed.): Action, knowledge, and reality. Critical studies in honor of W. Sellars. Indianapolis; Bobbs-Merrill: 109–128.
DONCHIN, E., ISRAEL, J.B. (1980): Event related potentials and psychological theory. In: KORNHUBER, H.H., DEECKE, L. (eds.): Motivation, motor and sensory processes of the brain. Amsterdam; Elsevier: 697–716.
FEIGL, H. (1958): Other minds and the egocentric predicament. Journal of Philosophy 55: 978–987.
FELDMAN, M.H. (1971): Physiological observations in a chronic case of locked-in syndrome. Neurology 21: 459–478.
FOSS, J. (1985): Radical behaviorism is a dead end. Behavioral and Brain Sciences 8: 59.
FRANK, C., HARRER, G., LADURNER, G. (1988): Locked-in Syndrom – Erlebnisdimensionen und Möglichkeiten eines erweiterten Kommunikationssystems. Nervenarzt 59: 337–343.
HAWKES, C.H., BRYAN-SMITH, L. (1974): The electroencephalogram in the „locked-in" syndrome. Neurology 24: 1015–1018.
HILLYARD, S.A., KUTAS, M. (1983): Electrophysiology of cognitive processing. Annual Review of Psychology 34: 33–61.
JENNETT, B., TEASDALE, G.M. (1977): Aspects of coma after severe head injury. Lancet 1: 878–881.
JOUVET, M. (1969): Coma and other disorders of consciousness. In: VINKEN, B.J., BRUYN, G.W. (eds.): Disorders of higher nervous activity. Amsterdam; North Holland Publ. Co.: 62.
KARP, J.S., HURTIG, H.I. (1974): „Locked-in" state with bilateral midbrain infarcts. Archives of Neurology 30: 176–178.
KEANE, J.R., ITABASHI, H.H. (1986): Locked-in syndrome due to tentorial herniation. Neurology 35: 1647–1649.
KRIPKE, S.A. (1982): Wittgenstein on rules and private language. Oxford; Basil Blackwell.
KURTHEN, M. (1984): Der Schmerz als medizinisches und philosophisches Problem. Anmerkungen zur Spätphilosophie L. Wittgensteins und zur Leib-Seele-Frage. Würzburg; Königshausen & Neumann.

KURTHEN, M. (1988): Ein heuristisches Prinzip für die Neurowissenschaften. In: LINKE, D.B., KURTHEN, M.: Parallelität von Gehirn und Seele. Stuttgart; Enke: 53–99.

KURTHEN, M., LINKE, D.B., REUTER, B.M. (1989): Hirntod, Großhirntod oder personaler Tod? Zur aktuellen Diskussion um die hirnorientierte Todesbestimmung. Medizinische Klinik 84: 483–487.

LACEY, H.M., RACHLIN, H. (1978): Behavior, cognition, and theories of choice. Behaviorism 6: 177–202.

LANGE, E.M. (1987): „Einer Regel folgen" – Zu einigen neueren Interpretationen Wittgensteins. Philosophische Rundschau 34: 102–123.

LARMANDE, P., HENIN, D., JAN, M., ELIE, A., GOUAZE, A. (1982): Abnormal vertical eye movements in the locked-in syndrome. Annals of Neurology 11: 100–102.

LINKE, D.B., REUTER, B.M., SCHMALOHR, D. (1987): Neurophysiologische Parameter des Koma. In: KOHLMEYER, K. (Hrsg.): Aktuelle Probleme der Neurotraumatologie und Klinischen Neuropsychologie. Münster; Regensberg & Biermann: 34–39.

LOGUE, A.W. (1985): Functional behaviorism: where the pain is does not matter. Behavioral and Brain Sciences 8: 66.

MALCOLM, N. (1963): Knowledge and Certainty. Englewood Cliffs; Prentice Hall.

MARKAND, O.N. (1976): Electroencephalogram in „locked-in" syndrome. EEG and Clinical Neurophysiology 40: 529–534.

MEIENBERG, O., MUMENTHALER, M., KARBOWSKI, K. (1979): Quadriparesis and nuclear oculomotor palsy with total bilateral ptosis mimicking coma. Archives of Neurology 36: 708–710.

MOSKOPP, D., RIES, F., DURWEN, H.F., LINKE, D.B. (1987): Zur Einteilung der Bewußtseinslagen. In: POECK, K., HACKE, W., SCHNEIDER, R. (Hrsg.): Verhandl. der Dt. Ges. f. Neurologie 4. Berlin/Heidelberg/New York; Springer: 531–532.

NEUNDÖRFER, B., MEYER-WAHL, L., MEYER, J.G. (1974): Alpha-EEG und Bewußtlosigkeit. Ein kasuistischer Beitrag zur lokaldiagnostischen Bedeutung des Alpha-EEG beim bewußtlosen Patienten. Zeitschr. f. EEG und EMG 5: 106–114.

NOEL, P., DESMEDT, J.E. (1975): Somatosensory cerebral evoked potentials after vascular lesions of the brainstem and diencephalon. Brain 98: 113–128.

NORDGREN, R.E., MARKESBERY, W.R., et al. (1971): Seven cases of cerebral medullary disconnexion: the „locked-in syndrome". Neurology 21: 1140–1148.

PLUM, F., POSNER, J.B. (1980): The diagnosis of stupor and coma. Philadelphia; F.A. Davis Co.

POPPER, K.R., ECCLES, J.C. (1977): The self and its brain – an argument for interactionism. Berlin/Heidelberg/New York; Springer.

President's Commission for the Study of Ethical Problems in Medicine and Biomedical and Biobehavioral Research (1981): Defining Death. Washington, D.C.; Government Printing Office..

PUCCETTI, R. (1988): Does anyone survive neocortical death? In: ZANER, R.M. (ed.): Death: Beyond whole-brain criteria. Dordrecht/Boston/London; Kluwer: 75–90.

RACHLIN, H. (1985): Ghostbusting. Behavioral and Brain Sciences 8: 73–80.

RACHLIN, H. (1986): Temporal molarity in behavior. Behavioral and Brain Sciences 9: 711–712.

REUTER, B.M., LINKE, D.B., KURTHEN, M., SCHMALOHR, D. (1988): Brain Electrical Activity Mapping (BEAM) of Event-Related Potentials in Coma. In: WALTER, W. et al. (eds.): Advances in Neurosurgery, Vol. 19. Berlin/Heidelberg; Springer: 105–107.

ROBINSON, W.S. (1975): The legend of the given. In: CASTANEDA, H.N. (ed.): Action, knowledge, and reality. Critical studies in honor of W. Sellars. Indianapolis; Bobbs-Merrill: 83–108.

RORTY, R. (1970): Mind-body identity, privacy, and categories. In: BORST, C.V. (ed.): The mind-brain identity theory. London; Macmillan Press: 187–213.

RORTY, R. (1979): Philosophy and the mirror of nature. Princeton; Princeton University Press.

RYLE, G. (1949): The concept of mind. London; Hutchinson & Co. Publ.

SAPER, C.B., PLUM, F. (1985): Disorders of consciousness. In: FREDERIKS, J.A.M. (ed.): Handbook of Clinical Neurology. Vol. 1 (45): Clinical Neuropsychology. Amsterdam/New York; Elsevier: 107–128.
SELLARS, W. (1962): Philosophy and the scientific image of man. In: COLODNY, R. (ed.): Frontiers of Science and Philosophy. Pittsburgh; University of Pittsburgh Press: 35–78.
SELLARS, W. (1963): Empiricism and the philosophy of mind. In: ders.: Science, perception, and reality. London; Routledge and Kegan Paul: 127–196.
SELLARS, W. (1979): Naturalism and ontology. Reseda; Ridgeview.
SELLARS, W. (1980): Behaviorism, language, and meaning. Pacific Philosophical Quarterly 61: 3–25.
SELLARS, W. (1981): Foundations for a metaphysics of pure process. The Carus Lectures of W. Sellars. The Monist 64: 3–90.
SKINNER, B.F. (1953): Science and human behavior. New York/London; Macmillan.
SKINNER, B.F. (1963): Behaviorism at fifty. Science 140: 951–958.
SKINNER, B.F. (1974): Die Geschichte mit der Innenwelt. In: ders.: Die Funktion der Verstärkung in der Verhaltenswissenschaft. München; Kindler: 225–246.
STANCZAK, D.E., et al. (1984): Assessment of level of consciousness following severe neurological insult. Journal of Neurosurgery 60: 955–960.
SUBCZYNSKI, J.A. (1975): State of consciousness scoring system. Journal of Neurosurgery 43: 251.
SUPPES, P. (1975): From behaviorism to neobehaviorism. Theory and Decision 6: 269–285.
TEASDALE, G.M., JENNETT, B. (1974): Assessment of coma and impaired consciousness: a practical scale. Lancet 2: 81–84.
VEATCH, R.M. (1988): Whole-brain, neocortical, and higher brain related concepts. In: ZANER, R.M. (ed.): Death: beyond whole-brain criteria. Dordrecht/Boston/London; Kluwer: 171–186.
VIRGILE, R.S. (1984): Locked-in syndrome. Case and literature review. Clinical Neurology and Neurosurgery 86: 275–279.
WESTMORELAND, B.F., KLASS, D.W., SCARBROUGH, F.W., REAGAN, T.J. (1975): Alpha-coma. Electroencephalographic, clinical, pathologic and etiologic correlations. Archives of Neurology 32: 713–718.
WITTGENSTEIN, L. (1977): Philosophische Untersuchungen. Frankfurt a.M.; Suhrkamp.
ZANER, R.M. (1988): Introduction. In: ders.: Death: beyond whole-brain criteria. Dordrecht/Boston/London; Kluwer: 1–14.
ZURIFF, G.E. (1986): Precis of *Behaviorism: A conceptual reconstruction.* Behavioral and Brain Sciences 9: 687–699.

6 Bewußtsein der Maschinen?

Die Frage nach einem möglichen „Bewußtsein der Maschinen" ist (in diesem Jahrhundert) unter dem Eindruck der Fortschritte in der Computertechnik und speziell der Künstliche-Intelligenz-Forschung immer wieder thematisiert und kontrovers diskutiert worden. Eine solche Diskussion kann leicht „grundsätzlich" (und damit oft unsachlich) werden, wenn z. B. der Eindruck entsteht, es stehe die *Würde des Menschen* auf dem Spiel, wenn dieser „mit einer Maschine gleichgesetzt" werden solle. Es ist aber fraglich, ob die Herabwürdigung des Menschen (die hier in der Tat „in der Luft liegt") tatsächlich *in dem Erwägen* der Möglichkeit einer Maschine mit „menschlichen" Eigenschaften *besteht,* oder ob nicht vielmehr dieses Erwägen nur der letzte (und somit nicht primär zu „bekämpfende") Ausdruck der *Selbstbestimmung des Menschen als Maschine* ist (s. hierzu BAUDRILLARD 1982: 86). Solche „grundsätzlichen" Erwägungen sprengen allerdings den Rahmen des hier zu Besprechenden. Aber welche Relevanz hat das „künstliche" Bewußtsein für eine kognitive Neurowissenschaft? Mindestens zwei Punkte sind hier von Bedeutung:

1. Wenn die „Computermetapher" des Gehirns sich letzten Endes in der Erkenntnis auflöst, daß natürliche und künstliche „kognitive Systeme" einander zumindest so ähnlich sind, daß ein Vergleich für die empirische Forschung interessant sein kann (der „Konnektionismus" könnte in dieser Hinsicht optimistisch stimmen), dann könnte die Neurowissenschaft in ihrem Vorhaben, das funktionale und strukturelle Substrat (oder jedenfalls *Korrelat*) des Bewußtseins zu erforschen, durch Anstöße aus der KI angeregt werden, und die Unterschiedlichkeit der jeweiligen Substrate (Gehirn/„Computer") könnte zu dem Versuch motivieren, eine substratunabhängige (vermutlich funktionalistische) Bewußtseinstheorie zu entwerfen.

2. Da die Frage nach, heute utopischen, „menschlichen" Eigenschaften von Maschinen nicht bloße *„science fiction"* ist, sondern immer in eine Analyse dieser (vermeintlich?) menschlichen Eigenschaften *selbst* zurückschlägt, kann das Beispiel des künstlichen Bewußtseins als Gedankenexperiment bei der Lösung des philosophischen Bewußtseinsproblems hilfreich sein – eine Hilfestellung, von der dann auch die neurowissenschaftliche Theorie des Bewußtseins profitieren könnte.

Zu beiden Punkten 1 und 2 liegt bereits Literatur vor, die auch den aktuellen Stand der wissenschaftlichen Dinge weitgehend berücksichtigt (einige dieser Arbeiten sind im folgenden zitiert). Ich möchte daher hier nur kurz diejenigen Aspekte des Problems zusammenstellen, die mir speziell für den Kontext des in den vorangegangenen Kapiteln Dargestellten relevant erscheinen.

Wenn wir fragen, ob Maschinen (z.B. Computer, allgemein: Artefakte) Bewußtsein haben könnten, sollten wir zunächst festlegen, was wir in diesem Fall mit „Bewußtsein" meinen. McGinn (1987) macht den Vorschlag, „Bewußtsein" mit „phänomenalen Zuständen" zu identifizieren. Damit wäre ganz allgemein – und in Anlehnung an Nagel (1974) – gemeint, daß es *für* ein bewußtes Wesen „irgendwie ist, *dieses Wesen zu sein*". Am anschaulichsten wird dieser „qualitative Aspekt" bei den Sinneseindrücken: wenn ich ein Pils trinke, dann *ist es für mich irgendwie, dieses Pils zu schmecken* (ein „Pilsgeschmack" vielleicht), und es ist eben *anders, als z. B. ein Alt zu trinken*. Dieses „pilsartig" (oder „altartig") schmecken ist ein „Bewußtseinsphänomen", ich (und sonst niemand, wenn ich es trinke) „merke" diese Qualität (des Pilsartigen). Eine Maschine, die aus irgendwelchen Gründen so konstruiert wäre, daß sie Flüssigkeit in sich hineinschütten könnte (wäre dies ein „Trinken"?), könnte vielleicht auch Pils von Alt unterscheiden (mit Hilfe einer chemischen Analyse, die ein kleines Gerät innen vornähme). Die interessante Frage (und die Frage nach dem Bewußtsein) wäre aber hier, ob die Maschine auch das Pils *schmecken* könnte, ob sie also den phänomenalen Zustand des Pils-Schmeckens einnehmen könnte (und ein Pilstrinker, aber Altverächter werden könnte etc.). Wie McGinn (1987) – meines Erachtens auch sinnvollerweise – sagt, sollten wir eine solche Betrachtung nicht auf alle denkbaren Artefakte ausdehnen: wenn z. B. – natürlich völlig utopisch – ein Wesen hergestellt würde, das physisch exakt wie ein Mensch ist, dann dürfte man wohl annehmen, daß dieses Wesen auch „Bewußtsein hat". Wir sollten die Frage nach dem Bewußtsein der Maschinen also auf die „Dinge" beschränken, die uns in den letzten Jahrzehnten wieder auf diese Frage gebracht haben: auf die Produkte der auch zukünftigen Künstliche-Intelligenz-Forschung (wobei wir die „Zukunft" nicht so weit ausdehnen sollten, daß die resultierenden Artefakte unser heutiges Vorstellungsvermögen übersteigen, denn für solche Artefakte könnten wir heute auch unsere Frage nicht beantworten).

Nehmen wir also ein Artefakt, bei dem es nicht völlig abwegig wäre, zu überlegen, ob es wohl Bewußtsein haben könnte – ein Artefakt, von dem wir wissen (vielleicht sind wir die Konstrukteure), daß es über ziemlich komplizierte „innere Verarbeitungsmechanismen" verfügt, das u.U. auch ein wenig wie ein Mensch aussieht (es hat Arme, Beine, ein Gesicht etc.) und das eine ganze Menge kann (z. B. sprechen, ein Pils zapfen etc.).

Nehmen wir dann als die erste Lesart unserer Frage, ob diese Maschine Bewußtsein hat, unser obiges „Hat diese Maschine phänomenale Zustände? Ist es *für sie* irgendwie, sie selbst zu sein?" Man könnte es sich leicht machen und folgendes versuchen: *wir* haben Bewußtsein (phänomenale Zustände), und wir wissen, daß diese Zustände durch unser Gehirn realisiert werden. Wenn also das Gehirn-Äquivalent der Maschine *all das „kann",* was unser Gehirn „kann", dann hat die Maschine Bewußtsein. Das Problem hierbei ist, daß wir nicht wissen, welche zerebralen Vermögen im einzelnen für das Bewußtsein „verantwortlich" sind: also wissen wir auch nicht, ob diese Vermögen einem Etwas, das kein Gehirn ist, überhaupt zukommen können; also wissen wir nicht, ob eine Maschine Bewußtsein haben kann (ein ähnliches Hin und Her diskutiert auch McGinn 1987). Man muß schon etwas stärkere Hypothesen aufstellen, um weiterzukommen, zum Beispiel eine funktionalistische: *daß* ein Wesen Bewußtsein hat, verdankt es nicht dem *„Stoff,* aus dem sein Gehirn(-Äquivalent) ist", sondern der „funktionalen Organisation" dieses „Organs", also dem spezifischen Gefüge kausaler Beziehungen zwischen dem Input, der Dynamik innerer Zustände und dem Output des Gesamtsystems. Wenn wir für unmöglich halten, daß ein anderer Stoff als der neuronale derjenige sein könnte, „aus dem das Bewußtsein ist", dann sind wir mit der im Titel formulierten Frage schon fertig. Aber wir können diese Position nicht einnehmen, solange wir nicht genauer wissen, *wie* das Gehirn Bewußtsein realisiert (wir können z. B. auch nicht die bekannte Position von Searle [1980, 1986] annehmen, der zwar – nicht falsch, aber uninteressant – meint, Bewußtsein könne nur einem Artefakt zukommen, das „Kausalkräfte besitzt, die wenigstens denen des Gehirns gleichkommen", daraus aber die voreilige Folgerung zieht, „Computer" könnten kein Bewußtsein haben, da ihnen diese „Kausalkräfte" fehlten. Solange wir diese Kausalkräfte nicht genauer kennen, können wir auch nicht wissen, wer oder was sie besitzen kann). *Wenn* wir den Funktionalismus akzeptieren wollen, dann sollten wir es auch für möglich halten, daß Artefakte Bewußtsein haben können. Es gibt auch noch „Zwischenpositionen", aber ich möchte hier auf etwas anderes hinaus und komme daher gleich zur zweiten Lesart der Frage nach dem Bewußtsein der Maschine. Diese wäre:

„Würden wir einer solchen Maschine Bewußtsein *zuschreiben?*" – In der ersten Lesart hätten wir die Frage ja am besten der Maschine selbst gestellt: *„Hast Du (oder haben Sie?)* phänomenale Zustände?" Aber wie auch immer die Antwort ausfiele, wir stünden weiterhin im Dunkeln: sollen wir der Maschine *glauben?* Hier wird die Situation vertrackt, und es gibt unzählige Versuche, die Verzweigungen der sich hier eröffnenden Problematik zu verfolgen. Bleiben wir aber beim Einfachen: ob die Maschine Bewußtsein hat oder nicht, wäre eine uninteressante Fragestellung, wenn für uns nicht einmal die *Möglichkeit* bestünde, es herauszufinden. Vielleicht empfiehlt es sich also, zunächst zu fragen: nach welchen Kriterien würden *wir* entscheiden, ob wir der Maschine Bewußtsein zuschreiben (wann würden wir *glauben,* daß sie Bewußtsein hat, wann wären wir *sicher* usw.)? Diese Frage ist nun wiederum *eine* Fassung des „Problems des Fremdseelischen" („other minds problem"): wie können wir wissen, daß Andere Bewußtsein haben? Und es scheint, als könnten wir die Frage nach dem Bewußtsein der Maschinen nicht beantworten, ohne vorher das Problem des Fremdseelischen *für uns selbst* (also für eine menschliche Gemeinschaft) gelöst zu haben. Aber auch diese Lösung ist nicht gerade schnell gefunden, wie die Diskussion vor allem der letzten dreißig Jahre gezeigt hat. Einige Aspekte dieser Diskussion wurden in Kapitel 5 dargestellt. Vor allem WITTGENSTEIN (1977) und KRIPKE (1982) haben gezeigt, daß man in schwer auflösbare Aporien gerät, wenn man „Wissen um Fremdseelisches" rein epistemologisch bzw. psychologisch versteht, wenn man also das Bewußtsein des Anderen als eine Entität oder eine Eigenschaft dieser Person ansieht und die eigenen Aussagen über dieses „Etwas" durch eine Vergewisserung seines tatsächlichen Vorkommens glaubt bestätigen (oder widerlegen) zu können (s. auch KURTHEN und LINKE 1989). Am Ende erscheint es aussichtsreicher, Gewißheit bezüglich des Fremdseelischen als Bestandteil einer „sozialen Praxis" zu interpretieren, also „hinzunehmen", daß unsere „Einstellung zum Anderen ... eine Einstellung zur Seele" ist (WITTGENSTEIN 1977: 283). Wir verhalten uns nicht zu Anderen als zu „bewußten Wesen", *weil* wir wissen, daß sie „Bewußtsein haben", sondern wir wissen, daß sie Bewußtsein haben, *weil* wir diese Einstellung zu ihnen zeigen (s. KRIPKE 1982).

Wir hatten im vorigen Kapitel gesehen, daß einiges dafür spricht, daß wir das Problem des Fremdseelischen auf eine WITTGENSTEIN-KRIPKEsche Weise angehen müssen. Dann würden wir also einer Maschine Bewußtsein zuschreiben, wenn wir auch zu ihr eine „Einstellung zur Seele" hätten. Ist dies denkbar? Das hängt davon ab, ob die Maschine „wie ein Mensch agieren" kann. Jedenfalls verlangt die Frage nach dem Bewußtsein der Maschinen, wie PUTNAM (1975: 406) meinte, nicht nach einer *Entdeckung* (des tatsächlichen Vorkommens von Bewußtsein), sondern nach einer *Entscheidung* (für oder gegen die Mitgliedschaft der Maschine in der Lebens- und Sprachgemeinschaft).

So wie hinter der zweiten Lesart unserer Frage also das (alte) Problem des Fremdseelischen steht, so hinter der ersten Lesart das (noch ältere) Leib-Seele-Problem: wie steht Bewußtsein überhaupt zu seinem „materiellen Substrat"? Man hätte sich also zuerst für bestimmte Positionen bezüglich dieser beiden „vorgelagerten" Probleme zu entscheiden. Und es könnte sich zeigen, daß die beiden Lesarten doch wieder ineins fallen, wenn nämlich (um nur eine Möglichkeit zu nennen) Gewißheit bezüglich des „Eigenpsychischen" *auch* Element einer sozialen Praxis wäre.

Der Unterschied zwischen „bewußt Sein" und „für bewußt gehalten Werden" ist vielleicht nicht so wesentlich, wie er auf den ersten Blick erscheint. Prima facie habe ich zu meinem eigenen Bewußtsein ein ganz anderes epistemisches Verhältnis als zum Bewußtsein Anderer; dieses Verhältnis ist z. B. mit den Begriffen „privilegierter Zugang", „Unkorrigierbarkeit", „unmittelbare Gegebenheit" usw. charakterisiert worden (und genau diese Charakteristika kann man, um zum Leib-Seele-Problem der ersten Lesart zurückzusehen, als *die entscheidenden Merkmale des Mentalen* aufzubauen versuchen, die dies als das „ganz Andere" des Zerebralen erscheinen lassen). Aber wie (wieder einmal) SELLARS (z. B. 1963) und auch RORTY (1970) argumentierte, läßt sich die *Mikrogenese* solcher „Merkmale des Mentalen (oder des Bewußtseins)" womöglich über eine primär öffentliche Sprachpraxis rekonstruieren. Die Frage ist dann, ob dies nur für solche Aspekte des epistemischen Verhältnisses zu den eigenen mentalen Zuständen gilt wie „privilegierter Zugang" etc., oder ob auch die *qualia,* die qualitativen Gestaltungen – unser *hier* gewähltes „Bewußtsein" – einer solchen Rekonstruktion zugänglich gemacht werden könnten. *Gegen* diese Möglichkeit spricht, daß solche qualia im Gegensatz zu „Gedanken" keine propositionale Struktur haben, sondern nur durch ihren qualitativen Aspekt bestimmt zu sein scheinen. Vor allem aber ist es überhaupt schwierig, begrifflich (oder jedenfalls sprachlich) das Charakteristische der qualitativen Gestaltungen und der phänomenalen Aspekte des Bewußtseins zu fassen, denn diese Aspekte scheinen ein „Allerbekanntestes" zu sein, an das man *appellieren,* das man aber nicht in seiner Verfassung im einzelnen *beschreiben* kann. So ist hier noch einige „Anstrengung des Begriffs" zu leisten (s. z. B. CHURCHLAND 1985), und ich kann auf die Frage nach der Möglichkeit einer Dekonstruktion der qualia hier keine Antwort bieten. Zumindest aber eröffnet sich mit dieser Frage eine interessante und spannende Perspektive, denn es ergäbe sich ja dann die – jetzt einmal absichtlich verzerrt dargestellte – Möglichkeit, daß ich *auch für mich selbst* nur dadurch „Bewußtsein habe", daß *die Anderen mich für bewußt halten.*

Das Problem des „Bewußtseins der Maschinen" geht dann in das Problem der „Personalität" der Maschinen über: ist es denkbar, daß Maschinen vollwertige Mitglieder einer sozialen Gemeinschaft werden könnten (s. HRACHOVEC 1986, KEMMERLING 1988)? Diese utopische Aussicht ist *heute* relevant im Sinne unseres obigen Punktes 2, indem sie uns auf die Frage zurückwirft, welche Kriterien für Personalität wir eigentlich applizieren, wenn es um *Menschen* geht. *Diese* Frage aber – s. Kapitel 5 – ist weder „akademisch" noch abgehoben, sondern gewinnt eine geradezu bedrückende Aktualität in der heutigen (neurologischen) Intensivmedizin, in der eine fundamentale Unsicherheit bezüglich der Bestimmung des *Todes* eines Menschen erkennbar wird (KURTHEN, LINKE und REUTER 1989). Derzeit hat man sich darauf geeinigt, den „Hirntod" – den irreversiblen

Funktionsausfall des gesamten Gehirns – als Tod des Menschen anzusehen (FROWEIN et al. 1986). Aber „fortschrittliche" Verfechter eines Konzeptes des „neokortikalen Todes" vertreten bereits die Auffassung, daß, da „Tod" äquivalent sei dem „permanenten Verlust der Personalität" (ZANER 1988), der irreversible Ausfall *kortikaler* Funktionen, welche ja als Träger der Personalität anzusehen seien, ausreiche, einen Menschen für tot zu erklären. Dieses Konzept wird häufig mit Hilfe der Gleichsetzung von „personalem" und „bewußtem" Leben gerechtfertigt (PUCCETTI 1988), und es wird argumentiert, daß ein Patient, der niemals wieder ein „Bewußtsein" erlangen kann, als Person und somit als Mensch tot ist. Daß Fremdzuschreibungen von Bewußtsein, weit entfernt, Anhaltspunkte für Personalität zu liefern, selbst überhaupt erst auf der Basis einer Einstellung zu Anderen *als Personen* vorgenommen werden, wird hierbei nicht gesehen. Die Unklarheit bezüglich des Verhältnisses von „Bewußtsein" und „Personalität" ist Ausdruck einer fundamentalen Unsicherheit hinsichtlich der „Kriterien" des Menschseins, einer Unsicherheit zudem, die gerade *durch* die „Fortschritte der Neurowissenschaft" mit hervorgerufen wurde. Vermutlich ist die Hoffnung naiv, der denkerische Umweg über das „Bewußtsein der Maschinen" könnte zu einem Bild des Menschen führen, das auch unseren *ethischen* Wunschvorstellungen entspricht; aber vieles spricht dafür, daß gerade dieser Umweg *unser* Weg sein wird.

Literatur

BAUDRILLARD, J. (1982): Der symbolische Tausch und der Tod. München; Matthes & Seitz.
CHURCHLAND, P.M. (1985): Reduction, qualia and the direct introspection of brain states. Journal of Philosophy 82: 8–28.
FROWEIN, R.A. et al. (1986): Kriterien des Hirntodes (Stellungnahme des Wissenschaftlichen Beirates der Bundesärztekammer). Deutsches Ärzteblatt 83: 2940–2946.
HRACHOVEC, H. (1986): Formale Systeme, entwicklungsfähige Organismen, menschliche Vernunft. Philosophische Rundschau 33: 122–132.
KEMMERLING, A. (1988): Die Maschine spricht Deutsch. (Oder nicht?). Im Druck.
KRIPKE, S.A. (1982): Wittgenstein on rules and private language. Oxford; Basil Blackwell.
KURTHEN, M., LINKE, D.B. (1989): Androiden-Behaviorismus. In: BECKER, B. (Hrsg.): Zur Terminologie in der Kognitionsforschung. St. Augustin; GMD: 256–272.
KURTHEN, M., LINKE, D.B., REUTER, B.M. (1989): Hirntod, Großhirntod oder personaler Tod? Medizinische Klinik 84: 483–487.
McGINN, C. (1987): Could a machine be conscious? In: BLAKEMORE, C., GREENFIELD, S. (eds.): Mindwaves. Oxford; Basil Blackwell: 279–288.
NAGEL, T. (1974): What is it like to be a bat? The Philosophical Review 83: 435–450.
PUCCETTI, R. (1988): Does anyone survive neocortical death? In: ZANER, R.M. (ed.): Death: Beyond whole-brain criteria. Dordrecht/Boston/London; Kluwer: 78–95.
PUTNAM, H. (1975): Robots: machines or artificially created life? In: ders.: Mind, language and reality. Cambridge; Cambridge University Press: 386–407.
RORTY, R. (1970): Incorrigibility as the mark of the mental. Journal of Philosophy 67: 406–424.

SEARLE, J.R. (1980): Minds, brains, and programs. Behavioral and Brain Sciences 3: 417–456.
SEARLE, J.R. (1986): Geist, Gehirn und Wissenschaft. Frankfurt a.M.; Suhrkamp.
SELLARS, W. (1963): Empiricism and the philosophy of mind. In: ders.: Science, perception, and reality. London; Routledge and Kegan Paul: 127–196.
WITTGENSTEIN, L. (1977): Philosophische Untersuchungen. Frankfurt a.M.; Suhrkamp.
ZANER, R.M. (1988): Introduction. In: ders.: Death: beyond whole-brain criteria. Dordrecht/Boston/London; Kluwer: 1–14.

Namen- und Sachregister

Alltagspsychologie s. folk psychology
Alpha-Koma 71f
Anschauung 12
Apriorismus 16, 19
Artefakt s. Maschine

BAIER, K. 80, 97
BAKER, G.P. 81, 97
BALLARD, D. 3, 10, 37
BAUDRILLARD, J. 101, 107
BAUER, G. 71, 97
Bedeutung 26, 28, 48, 57, 63, 83
– Gebrauchstheorie 83
Begriffsgefüge (theoretical framework) 27f
Behaviorismus 45, 73ff, 85, 90, 96
– aufgeklärter 25
– Bewußtsein 67
– epistemologischer 91
– Fremdseelisches 72
– logischer 49, 73
– methodologischer 73
– molarer 74
– molekularer 74
– verbaler 92
Bestimmbarkeit, Satz 15, 17
Bewußtsein 2, 4ff, 16, 18, 46
– Einheit 41
– Fremdzuschreibung
  s. Fremdseelisches
– Immanenz 15
– Kriterien 9, 96f
– – behaviorale 9, 67, 70, 87
– – elektrophysiologische 71f, 87
– Maschinen 9, 101ff
– Neurologie 67f, 77
– qualitativer Aspekt 4
BIERI, P. 57, 60, 63, 73, 97
BLACKBURN, S. 81, 98

BLOCK, N. 35, 46, 75, 98
BORST, C.V. 50, 63
BRIHAYE, J. 69, 98
BRYDEN, M.B. 37, 46
BUDD, M. 83, 98
BURGE, T. 60, 63

CAMPBELL, K. 87, 98
CARROLL, W.M. 71, 98
CASSIRER, E. 16, 19, 33
CHASE, T.N. 72, 98
CHERINGTON, M. 71, 98
CHIA, L.G. 71, 98
CHURCHLAND, P.M. 41, 46, 61, 63, 65, 98, 105f
CHURCHLAND, P.S. 38, 46, 98
CLARK, R. 89, 98
Cognitive Science s. Kognitionswissenschaft
Computation 5, 51, 62
CUMMINS, R. 44, 46
Curarisierung 87

Darstellung 14, 17
DAVIDSON, D. 43, 46, 59, 63
Denken 20
– formelles 15
– Parallelität 33
– reelles 15f, 32
– willkürliches 15
DENNETT, D. 50, 57, 63
Differential 16ff, 31
Ding an sich 12f, 18, 32
Diskurs, mentalistischer 28, 49
– neurowissenschaftlicher 93
– semantischer 25
– theoretischer 25, 51, 57
DONCHIN, E. 72, 98
DREYFUS, H.L. 3, 10

ECCLES, J.C. 65, 99
Einheit 45
– funktionale 8, 35ff, 46
Einstellungen, propositionale 2, 51, 58
Emergenz 41f
Enzephalograph 87f
Epiphänomenalismus 5
Erkenntnistheorie 30
Erscheinung 13

FICHTE, J.G. 12, 33
FEIGL, H. 78f, 98
FELDMAN, J.A. 3, 10, 37, 46
FELDMAN, M.H. 71, 98
FLORES, F. 40
FODOR, J.A. 2, 6, 10, 50, 60, 62, 63
folk psychology 7, 39, 50, 56
FOSS, J. 87, 98
FRANK, C. 71, 98
Fremdseelisches, Problem (other minds problem) 9, 60, 66, 78ff, 83, 90f, 104
– – Analogie-Argument 79, 87
– – Behaviorismus 72, 85
– – Neurologie 70
FROWEIN, R.A. 106
Fundamentalismus, erkenntnistheoretischer 53
Funktionalismus 35, 44f, 50, 55f

Gedanken 24f, 52, 58, 105
Gegebenes 11, 16, 18f, 21f, 29f, 60
– Präkonzeptualität 20, 32f
– Unmittelbarkeit 21, 53
Gegebenheit s. Gegebenes
Gehirn 2f, 5, 8, 35ff, 45, 94, 102f
Gott 19

Handeln, intelligentes 1, 35, 52
HARTMANN, N. 19, 34
HAWKES, C.H. 71, 98
HEIDEGGER, M. 9f
HEIL, J. 60, 63
HILLYARD, S.A. 72, 98
Hirnforschung s. Neurowissenschaft
Hirntod 105
HRACHOVEC, H. 105f

Identitätstheorie 50, 52, 94
Individualismuskritik 60
Instantiierungserklärung 43
Intellekt, unendlicher 19ff, 30
Intentionalität 6ff, 26, 49ff, 55, 57f

JENNETT, B. 68, 98
JOUVET, M. 87, 98

KANT, I. 12f, 30, 34
KARP, J.S. 71, 98
Kausalerklärung 44
KEMMERLING, A. 105f
KERTESZ, A. 37, 46
KIM, J. 60, 67
KOCH, A.F. 26, 34
Kognition 1ff, 52
– naturalistisch 55
Kognitionswissenschaft 1, 3ff, 39, 48
Koma 68f
– Skalen 68f
Komplexitätskriterium 1
Konnektionismus 3, 37f, 101
KRIPKE, S.A. 80, 96f, 98, 104, 106
KUNTZE, F. 15, 18, 34
KURTHEN, M. 5, 8, 10, 28, 34, 46, 54, 61, 64, 81, 96, 98, 104, 106

LACEY, H.M. 74, 99
LANGE, E.M. 81, 99
LARMANDE, P. 71, 99
Lebensform 86, 96
LEIBNIZ, G.W. 21
Leib-Seele-Problem 5, 28, 40, 49, 56, 59, 104
LINKE, D.B. 72, 99
LISCHKA, C. 3, 10, 40, 46
Locked-in-Syndrom, Behaviorismus 90
– Elektrophysiologie 72
– inkomplettes 71
– klassisches 70f
– totales (TLIS) 3, 66, 70ff, 86f, 89, 92ff
– Ursachen 71
LOGUE, A.W. 74, 99

MAIMON, S. 6f, 10ff, 34
MALCOLM, N. 80, 99
MARKAND, O.N. 71, 99
Maschine 9, 55
– Bewußtsein 9, 101ff
Materialismus 5, 29, 41
– eliminativer 51f
– nichtreduktiver 8
– reduktiver 8, 51
MCCLELLAND, J.A. 3, 10, 37
MCGINN, C. 102f, 106
MEIENBERG, O. 71, 99
Mentales 41, 76
– Entmythologisierung 60
– Intersubjektivität 26
– Merkmale 22, 60, 105
– 1. Person-Aspekte 8, 53f, 61
– 3. Person-Aspekte 53, 61
– Privatheit 24, 80, 82, 88
– Rekategorisierung 8
– Unkorrigierbarkeit 5, 88
– Zugang, direkter 21, 60
– – privilegierter 21, 26, 54
Metapher, Gehirn 37
Metaphorik, Innen-Außen- 13
– Spiegel- 30
MILLIKAN, R.G. 51, 64
MOSKOPP, D. 68, 99
Mythos 30f
– Gegebenes 7, 22, 27
– Jones 7, 24f, 32f

NAGEL, T. 4, 10, 42, 102, 106
NEUNDÖRFER, B. 71, 99
Neuro-Chauvinismus 2
Neurophysiologie 29
Neurowissenschaft 2, 37, 50, 93
– Kognitive 5, 8, 35, 43, 46, 102
– Wissenschaftstheorie 40
NEWELL, A. 1, 10, 35, 46, 49, 62, 64
NOEL, P. 72, 99
Nominalismus, psychologischer 23
NORDGREN, R.E. 71, 99

Other minds problem s. Fremdseelisches

Person 28, 94ff, 106
Philosophie 38f
– Geist (philosophy of mind) 50
– Kognition (philosophy of cognition) 50, 55
– kritische 11, 14
– Rolle 40
Physikalismus, nichtreduktiver 59
PLUM, F. 70, 99
POPPER, K.R. 38, 46, 99
POSNER, J.B. 70, 99
Potentiale, Evozierte 72
– Ereigniskorrelierte 72
PRIBRAM, K. 37, 46
Prinzipien, heuristische 39
Problem, psychozerebrales s. Leib-Seele-Problem
Prozesse, absolute 29, 31
– objektgebundene 29
Psychologie 48f, 54, 73
Psychosemantik 6, 62
PUCCETTI, R. 95, 99, 106
PUTNAM, H. 45f, 60, 64, 104, 106
PYLYSHYN, Z.W. 1, 10, 51f, 62, 64

Qualia 52, 105
Qualitäten, phänomenale 15, 21
QUINE, W.v.O. 39, 46, 52, 58f, 64

RACHLIN, H. 74, 99
Rationalismus 39f
Realismus, wissenschaftlicher 29
Referenz 63
Rekategorisierung s. Mentales
– Cartesianische 28
Repräsentationen 2f, 6, 30, 51f, 62
REUTER, B.M. 72, 99
Revolution, kognitivistische 49
ROBINSON, W.S. 89, 99
RORTY, R. 30, 34, 39, 46, 61, 64, 87f, 91, 99, 105f
RUMELHART, D.E. 3, 10, 37, 46
RYLE, G. 73, 99

SAYRE, K.M. 58, 64
Schein 30f
Schmerzempfindung 81ff
SEARLE, J.R. 55, 64, 103, 107

SELLARS, W. 6f, 10ff, 21ff, 41f, 46, 51, 57, 60, 64, 89, 91, 100, 105, 107
Semantik, naturalisierte 58
Semantizität 7f, 58, 63
Sinneseindrücke 24, 26, 52
Sinnlichkeit 12
SKARDA, C. 37, 46
Skeptizismus 16, 18
SKINNER, B.F. 73, 100
SMOLENSKY, P. 1, 3, 10, 52, 64
Sprache 2
– komplette 93
– Rylesche 24f
Sprache des Geistes (language of thought) 2
STAMPE, D. 63f
STANCZAK, D.E. 69, 100
STICH, S. 7, 10, 39, 46
SUBCZYNSKI, J.A. 69, 100
Supervenienz 43f, 59f
SUPPES, P. 76f, 100
Symbol 2f
Symbolverarbeitungsansatz 2ff, 62
Synchronisation 44
Synthesis s. Verstand
System, kognitives 2, 35
– symbolisches 3, 49
– – Implementierung 3

TEASDALE, G.M. 68, 100
Tod, neokortikaler 95f, 106

– personaler 96
Transzendentalität 13f

Unmittelbarkeit s. Gegebenes

VEATCH, R.M. 96, 100
Verhalten 41, 76
Vernunftkritik 13
Verstand 12
– Begriffe 12
– Synthesis 12, 14, 17
– unendlicher s. Intellekt
VIRGILE, R.S. 71, 100
Vorstellung 14, 20f

WADA, J. 37, 46
Weltbild, manifestes 27f
– wissenschaftliches 27f
WESTMORELAND, B.F. 72, 100
WINOGRAD, T. 40, 46
Wissen 31, 84
– Fundament 32
– nichtinferentielles 21, 24
Wissenschaftstheorie s. Neurowissenschaft
WITTGENSTEIN, L. 54, 64, 80ff, 91, 100, 104, 107

ZANER, R.M. 95, 100, 106f
ZURIFF, G.E. 75, 100
Zustand, funktionaler 45